KONRAD VON WÜRZBURG

Heinrich von Kempten
Der Welt Lohn
Das Herzmaere

MITTELHOCHDEUTSCHER TEXT
NACH DER AUSGABE
VON EDWARD SCHRÖDER

ÜBERSETZT, MIT ANMERKUNGEN
UND EINEM NACHWORT VERSEHEN
VON HEINZ RÖLLEKE

PHILIPP RECLAM JUN. STUTTGART

Universal-Bibliothek Nr. 2855
Alle Rechte vorbehalten
© 1968 Philipp Reclam jun. GmbH & Co., Stuttgart
Der Guotære, *Der Welt Lohn* © C. H. Beck'sche Verlagsbuchhand-
lung (Oscar Beck) München 1965. *Ein peispel von einem weib wz
uorn schön und hinden schäuczlich* © Universitätsverlag Freiburg
(Schweiz) 1959.
Gesamtherstellung: Reclam, Ditzingen. Printed in Germany 1993
RECLAM und UNIVERSAL-BIBLIOTHEK sind eingetragene
Warenzeichen der Philipp Reclam jun. GmbH & Co., Stuttgart
ISBN 3-15-002855-8

VORWORT

Dem mittelhochdeutschen T e x t liegt die Edition der drei
Verserzählungen durch Edward Schröder zugrunde: Kleinere
Dichtungen Konrads von Würzburg. Herausgegeben von
Edward Schröder. I. Der Welt Lohn. Das Herzmaere. Hein-
rich von Kempten. 2. Auflage. Berlin: Weidmann 1930 (Erst-
auflage 1924), wo die Überlieferung ausführlich besprochen
ist. Die Ausgabe wurde wiederholt nachgedruckt, zuletzt die
9. Auflage 1968, seit der 3. Auflage mit einem Nachwort von
Ludwig Wolff. Druckfehler wurden in folgenden Versen ver-
bessert: ›Heinrich von Kempten‹, 396; ›Der Welt Lohn‹, 210;
›Das Herzmære‹, 7, 15, 150, 389, 566. Ferner wurde geändert:
Nach Schröders eigner Anmerkung (S. 70): ›Das Herzmære‹,
113 *des* eingefügt; nach Leitzmanns Besserungsvorschlägen
(PBB 62, 1938, S. 361-383): ›Heinrich von Kempten‹, 70
enbîzent] *enbîzen*, 567 *wolte im*] *wolten*; ›Der Welt Lohn‹,
104 *was*] *wart*; ›Das Herzmære‹, 41 *in*] *ir*; gemäß dem
Nachwort Ludwig Wolffs (S. 75-77): ›Der Welt Lohn‹, 220
unken] *würmen*; ›Das Herzmære‹, 82, 101, 110, 168, 257
jeweils *unz*] *biz*.

Die Texte des A n h a n g s sind folgenden Ausgaben ent-
nommen:

Der Guotære. Mittelalter. Texte und Zeugnisse, hg. von Hel-
mut de Boor. (Die deutsche Literatur. Texte und Zeugnisse)
Erster Teilband; München 1965, S. 490-491.

›*Von der welt valscheit*‹. Wilhelm Wackernagel, Altdeut-
sches Lesebuch; 5. Aufl., Basel 1873, Sp. 1307-10.

›*Ein peispel von einem weib wz uorn schön und hinden
schaüczlich*‹. Wolfgang Stammler, Frau Welt; Freiburg

(Schweiz) 1959, S. 80-83 (= Freiburger Universitätsreden N. F. Nr. 23).

›*Wie der Meister der Welt urloup gît*‹. Die Kolmarer Lieder-handschrift [15. Jh.], abgedruckt durch Karl Bartsch (Bibliothek des Litterarischen Vereins in Stuttgart. Bd. LXVIII); Stuttgart 1862, S. 478-480.

›Der Bremberger‹. Des Knaben Wunderhorn. Bd. II; Heidelberg 1808, S. 229-232 (die Orthographie wurde modernisiert).

›Der Kastellan von Coucy‹. Ludwig Uhland, Werke, hg. von Ludwig Fränkel. Bd. I; Leipzig o. J. (1893), S. 178-181 (die Orthographie wurde modernisiert).

Die Übersetzung ist bemüht, die inhaltlich neu-hochdeutsche Entsprechung zu den mhd. Wörtern und Sätzen zu bieten. Die enge Bindung an den Wortschatz und den Klang des Originals, wie sie Übersetzungen und Nach-dichtungen des 19. Jh.s ausnahmslos erstrebten, muß dabei aufgegeben werden: Zu sehr haben sich Bedeutung der Worte und Struktur des Satzes in den über 700 Jahren, die seit Entstehung dieser Werke vergangen sind, gewandelt, als daß eine solche Übersetzung den Sinn der alten Dichtung auch nur entfernt treffen könnte. (Lediglich im ›Herzmære‹ sind die Leitworte Herz und Minne absichtlich unverändert übernommen, da ihre bewußte Häufung und damit ihr ‚Stellenwert' im Gefüge des Kunstwerks hier der inhaltlichen Aussage prädominieren.) Den Gepflogen-heiten und dem Wunsch des Verlags entsprechend ist jedoch Zeilentreue angestrebt, die dem Laien den Zugang zum mhd. Text erleichtern kann; daß die bessere Übersichtlichkeit zu-weilen nur auf Kosten der nhd. Sprachform erreichbar wird, dürfte einsichtig sein.

Die Anmerkungen wollen lediglich Anregungen geben; sie erheben keinen Anspruch auf Vollständigkeit und sind eher paradigmatisch gemeint – sowohl was den Anlaß wie was den Umfang der einzelnen Erläuterungen betrifft. Die Akzente sind dabei bewußt verschieden gewählt: Während bei den Anmerkungen zu ›Heinrich von Kempten‹ vorwiegend sprachgeschichtliche und historische Hinweise gegeben sind, waren zu ›Der Welt Lohn‹ mehr literarische Parallelen anzuführen; die künstlerische Komposition ist schließlich in den Erläuterungen zum ›Herzmære‹ stärker berücksichtigt worden.

HEINRICH VON KEMPTEN

Ein keiser Otte[1] was genant,
des magencrefte manic lant
mit vorhten undertænic wart.
schœn unde lanc was im der bart,
5   wand er in zôch vil zarte,
und swaz er bî dem barte
geswuor[2], daz liez er allez wâr.
er hete rœtelehtez hâr[3]
und was mitalle ein übel man.
10   sîn herze in argem muote[4] bran,
daz er bewârte an maneger stete:
swer iht wider in getete,
der muoste hân den lîp verlorn.
über swen der eit gesworn
15   von des keisers munde wart:
„du garnest ez, sam mir mîn bart!"
der muoste ligen tôt zehant[5],
wand er dekeine milte vant
an sîner hende danne.
20   sus hete er manegem manne
daz leben und den lîp benomen,
der von sînen gnâden komen[6]
was durch hôher schulde werc.
Nu hæte er dâ ze Bâbenberc[7]
25   in der schœnen veste wît
gemachet eine hôchgezît[8],
und was diu zeinen ôstern.
des quâmen ûzer clôstern
vil hôher ebbete in den hof
30   und manic werder bischof,

HEINRICH VON KEMPTEN

Ein Kaiser hieß Otto.
Viele Länder waren seiner Majestät
mit Furcht und Zittern untertan.
Er hatte einen schönen langen Bart,
5 denn er pflegte ihn sehr sorgfältig;
und alles, was er je bei diesem Bart
geschworen hatte, das erfüllte er haargenau.
Der Kaiser hatte rotes Haar
und war überhaupt ein böser Mensch.
10 Wie aufbrausend und jähzornig er sein konnte,
das bewies er immer wieder.
Jeder, der wagte, etwas gegen ihn zu unternehmen,
der hatte sein Leben unweigerlich verwirkt.
Jeder, gegen den
15 der Kaiser den Eid geschworen hatte:
„Das sollst du büßen – bei meinem Bart!",
der mußte auf der Stelle sterben,
weil er dann kein Erbarmen mehr
vor ihm fand.
20 Auf diese Weise hatte er bereits vielen Menschen
das Leben genommen,
die in kaiserliche Ungnade
durch großes Verschulden gefallen waren. –
  Einst veranstaltete er dort in Babenberg,
25 der stattlichen und großen Burg,
eine Festlichkeit,
und zwar zu Ostern.
Daher kamen aus ihren Klöstern
viele hochwürdige Äbte zum Hof.
30 Desgleichen eilten viele ehrenwerte Bischöfe

der mit êren îlte dar.
ouch quâmen dar in liehter schar
grâven, frîen, dienestman[9],
die daz rîche hôrten an
35   und den keiserlichen voget,
die quâmen alle dar gezoget
in wünneclicher presse[10].
nu daz gesungen messe
was an dem ôsterlichen tage,
40   dô wâren sunder leides clage[11]
al die tische dâ bereit,
und het man brôt dar ûf geleit
und manic schœne trincvaz
dar ûf gesetzet umbe daz,
45   sô der keiser Otte
mit sîner fürsten rotte
von deme münster quæme,
daz er dâ wazzer næme[12]
und er enbizze sâ zehant.
50   Nu was durch hovezuht gesant
ein werder juncherre[13] dar,
der edel unde wünnevar
an herzen und an lîbe schein.
die liute im alle sunder mein[14]
55   vil hôhen prîs dâ gâben.
sîn vater was von Swâben
herzoge vil gewaltec,
des gülte manicvaltec
solt erben dirre aleine.
60   der selbe knabe reine
des tages dâ ze hove gie
vor den tischen unde lie
dar ûf die blanken[15] hende sîn:
ein lindez brôt nam er dar în,
65   des brach der hôchgeborne knabe
ein lützel unde ein wênic abe

mit glänzendem Gefolge dorthin.
In prächtiger Schar kamen
auch Grafen, Freiherren und Ministeriale,
die dem Reich
35 und seinem kaiserlichen Schirmherrn unterstanden.
Sie alle zogen dorthin
in freudigem Gedränge.
Als nun die Messe
des Ostertages beendet war,
40 da hatte man mit Freude
alle Tische festlich gedeckt:
Brot hatte man darauf ausgeteilt,
und viele schöne Trinkbecher
bereitgestellt, damit
45 Kaiser Otto,
wenn er mit der Schar seiner Fürsten
aus dem Dom käme,
sich dort die Hände waschen
und sogleich mit dem Essen beginnen könne.
50 Um höfische Sitte zu lernen, war damals
auch ein vornehmer Junker dorthin gesandt worden.
Daß er von adliger Herkunft und schöner
Erscheinung war, sah man ihm an.
Alle zollten ihm unwillkürlich
55 dort in Babenberg höchste Anerkennung.
Sein Vater war
der überaus mächtige Herzog von Schwaben,
dessen ungezählte Einkünfte
er einmal ganz allein erben sollte.
60 Ebendieses schöne Kind
ging am gleichen Tag dort bei Hof
an den Tischen entlang und legte
seine makellos weißen Hände darauf.
Ein Weißbrot nahm sich das hochadlige Kind
65 und brach davon
ein nur ganz winziges Stückchen ab,

und wolte ez ezzen sam diu kint,
diu des sites elliu sint
und in der wille stât dar zuo
70   daz si gerne enbîzent fruo.
        Der junge fürste wünnesam,
als er daz brôt an sich genam
und ein teil gebrach dar abe,
dô gienc aldâ mit sîme stabe
75   des keisers truhsæze[16]
und schihte daz man æze,
sô man gesungen hæte gar.
der selbe der wart des gewar,
daz der juncherre wert
80   des brôtes hæte dâ gegert.
des wart er zornic sâ zehant:
der site sîn was sô gewant
daz in muote ein cleine dinc.
des lief er an den jungelinc
85   mit eime stabe den er truoc,
dâ mite er ûf daz houbet sluoc
den knaben edel unde clâr,
daz im diu scheitel und daz hâr
von rôtem bluote wurden naz.
90   des viel er nider unde saz
und weinde manegen heizen trahen,
daz in der truhsæze slahen
getorste. daz ersach ein helt,
der was ein ritter ûzerwelt
95   und hiez von Kempten Heinrich;
sîn edel muot der hæte sich
rîlicher manheit an genomen.
er was mit deme kinde komen
von Swâben dar, als ich ez las,
100   wand er sîn zuhtmeister[17] was
und in nâch ganzer wirde zôch.
daz man den juncherren hôch

um es in den Mund zu stecken, wie sich Kinder
nun einmal alle benehmen,
denen der Sinn danach steht,
70 gern vor der Zeit etwas zu naschen.
    Als der vornehme Fürstensohn
eben das Brot an sich genommen
und ein Stück abgebrochen hatte,
da ging gerade dort mit seinem Stab
75 der Truchseß des Kaisers vorbei
und teilte ein,
was nach der Messe gegessen werden sollte.
Als er sah,
daß der Junker
80 dort etwas von dem Brot genommen hatte,
geriet er darüber augenblicklich in Zorn;
denn er hatte es an sich,
daß ihn jede Kleinigkeit aufbrachte.
Darum lief er
85 mit seinem Stab auf den Junker zu
und schlug das
hübsche zarte Kind damit so heftig auf den Kopf,
daß sich ihm Scheitel und Haare
von fließendem Blut röteten.
90 Er stürzte hin, blieb auf dem Boden sitzen
und vergoß viele bittere Tränen,
weil der Truchseß gewagt hatte, ihn zu schlagen.
Das gewahrte ein Held:
der vortreffliche Ritter
95 Heinrich von Kempten.
Er war von edler Gesinnung und
fürstlicher Mannhaftigkeit.
Zusammen mit dem Junker war er von Schwaben
dorthin gekommen – so habe ich es gelesen –;
100 denn er war sein Erzieher,
der ihn zu vollkommener Würde anleitete.
Daß man das vornehme Kind

als unerbermeclîchen sluoc,
daz muote in sêre und übel gnuoc
105   und was im leit und ungemach.
zuo dem truhsæzen sprach
der unverzagte ritter dô
harte zornîclîche alsô:
„waz habent ir gerochen
110   daz ir nu hânt zebrochen
iuwer ritterlichen zuht,
daz ir eins edeln fürsten fruht
als übellîche habet geslagen?
ich wil iu nemelîchen sagen:
115   ir werbent anders danne ir sult,
sît daz ir sunder alle schult
geslagen hânt den herren mîn.“
„daz lânt iu gar unmære¹⁸ sîn!“
sprach der truhsæze,
120   „mir ist daz wol gemæze
deich ungefüegen schelken were
und einen iegelîchen bere
der hie ze hove unzühtic ist.
lânt iuwer rede an dirre frist
125   belîben algemeine:
ich fürhte iuch alsô cleine
als der habich tuot daz huon.
waz welt ir nû dar umbe tuon
daz ich den herzogen sluoc?“
130   „daz wirt bekant iu schiere gnuoc“,
sprach von Kempten Heinrich,
„daz ir den fürsten edellîch
sô vaste kunnet bliuwen,
daz sol iuch hie geriuwen,
135   wand ich vertrages langer niht.
ir tugentlôser bœsewiht,
nu wie getorstet ir geleben
daz ir dem kinde hânt gegeben

so unbarmherzig geschlagen hatte,
das brachte ihn gewaltig auf
105 und betrübte ihn tief.
Dem Truchseß wandte sich sogleich
der furchtlose Ritter zu
und fuhr ihn zornbebend an:
„Wofür mußtet Ihr solche Vergeltung üben,
110 daß Ihr nun
Eure ritterliche Bildung mit Füßen getreten habt,
indem Ihr den Sohn eines adligen Fürsten
so böse geschlagen habt?
Ich sage Euch das nachdrücklich:
115 Ihr benehmt Euch nicht so, wie es Euch ansteht,
weil Ihr meinen Herrn ohne dessen geringstes
Verschulden geschlagen habt.“
„Das geht Euch gar nichts an!“
erwiderte der Truchseß.
120 „Mir kommt es in der Tat zu,
daß ich unerzognen Knechten ihr Tun verwehre
und jeden ohne Ausnahme schlage,
der die Hofsitte verletzt.
Auf der Stelle unterlaßt
125 überhaupt Euer Reden,
denn Euch fürchte ich so wenig
wie der Habicht ein Huhn. —
Im übrigen: was wollt Ihr jetzt noch dagegen
unternehmen, daß ich den Herzog geschlagen habe?!“
130 „Das sollt Ihr bald genug merken“,
versetzte der Ritter.
„Daß Ihr Euch unterstanden habt, den edlen Fürsten
so heftig zu schlagen,
das wird Euch sogleich gereuen:
135 Ich dulde das nämlich nicht mehr länger.
Ihr nichtsnutziger Übeltäter,
wie wagt Ihr jetzt überhaupt noch zu leben,
seit Ihr dem Junker so

      als ungefüege biusche?
140   daz iuwer hant unkiusche
      sô gar unedellîche tuot,
      des muoz begiezen iuwer bluot
      den sal und disen flecken."
      dô greif er einen stecken
145   als einen grôzen reitel[19]:
      er sluog in daz diu scheitel
      im zerclahte sam ein ei,
      und im der gebel spielt enzwei
      reht als ein havenschirben,
150   daz er begunde zwirben[20]
      alumbe und umbe sam ein topf;
      daz hirne wart im und der kopf
      erschellet harte, dünket mich.
      des viel er ûf den esterich
155   und lac dâ jâmerlichen tôt.
      der sal wart sînes bluotes rôt.
      dâ von huop sich ein michel dôz
      unde ein lûtgebrehte grôz.

      Nû was ouch der keiser komen
160   und hæte wazzer dâ genomen
      und was gesezzen über tisch.
      daz bluot begunde er alsô frisch
      ûf dem esteriche sehen;
      er sprach: „waz ist alhie geschehen?
165   wer hât den sal entreinet
      und die getât erscheinet
      daz er sô bluotic worden ist?"
      zehant begunde im an der frist
      sîn werdez ingesinde[21] sagen,
170   daz im sîn truhsæze erslagen
      wære bî der zît alsô.
      mit zorne sprach der keiser dô:
      „wer hât an im beswæret mich?"
      „daz tet von Kempten Heinrich"

heftige Schläge zugefügt habt?
140 Weil Ihr mit frecher Hand
so Unziemliches getan habt,
soll Euer Blut den ganzen Saal
und die Stelle, auf der Ihr steht, benetzen."
Mit diesen Worten ergriff er einen Knüttel,
145 einen gewaltigen Prügelstock,
und schlug ihn damit so heftig, daß ihm der Schädel
wie ein Ei zerbrach
und sich sein Kopf in zwei Teile spaltete
– ganz wie ein irdener Topf –,
150 und wirbelnd drehte er sich
um sich selbst wie ein Kreisel.
Hirn und Haupt waren ihm
gewiß gänzlich zerschellt, glaube ich wenigstens.
So krachte er auf den Estrich nieder
155 und lag da, jämmerlich erschlagen.
Sein Blut färbte den Saal rot.
Darüber erhob sich gewaltiger Lärm
und überlautes Geschrei.
       Inzwischen war auch der Kaiser gekommen
160 und hatte sich, nachdem er sich die Hände
gewaschen hatte, zu Tisch gesetzt.
Da bemerkte er das frisch vergossene Blut
auf dem Estrich
und rief: „Was hat sich hier zugetragen?
165 Wer hat den Saal verunreinigt
und solche Untat vollbracht,
daß er so blutig geworden ist?"
Gleich
berichtete ihm seine hochgestellte Dienerschaft,
170 daß ihm sein Truchseß
soeben erschlagen worden sei.
Da rief der Kaiser zornig:
„Wer hat es gewagt, mich damit so in Trauer zu
„Das war Heinrich von Kempten",   versetzen?"

175   riefens algelîche.
       „jâ", sprach der keiser rîche,
       „hât im der sînen lîp benomen,
       sô ist er uns ze früeje komen
       von Swâben her in ditze lant.
180   er werde schiere nû besant
       für mîn antlitze[22] her;
       ich wil in frâgen war umb er
       mir habe sô vaste an im geschadet."
       Sus wart der ritter dô geladet
185   für den keiser freissam.
       und als er für sîn ougen quam
       unde er in von êrste ersach,
       mit zorne er wider in dô sprach:
       „wie hânt ir, herre, alsus getobet,
190   daz mîn truhsæze hôchgelobet
       von iu lît ermordet?
       ir hânt ûf iuch gehordet
       mîn ungenâde manicvalt;
       iu sol mîn keiserlich gewalt
195   erzeiget werden sêre;
       ir hânt mîns hoves êre
       und mînen prîs zebrochen;
       daz wirt an iu gerochen,
       der hôhe mein[23] und diu geschiht[24]
200   daz man den truhsæzen siht
       von iu ze tôde erlempten."
       „nein, herre!" sprach von Kempten
       der unverzagte Heinrich:
       „lânt hie genâde vinden mich
205   und iuwer stæte hulde.
       geruochent mîne unschulde
       vernemen hie und mîne schult.
       hab ich mit rehter ungedult
       verdienet iuwer vîentschaft,
210   sô lâzent iuwer magencraft

175 tönte es von allen Seiten.
   „Wahrhaftig", sagte der mächtige Kaiser,
   „hat Heinrich ihn getötet,
   dann ist er allzu zeitig
   aus Schwaben hierhergekommen.
180 Man bescheide ihn sogleich
   vor mich hierher.
   Ich will ihn fragen, warum er mir mit seiner Tat
   einen so großen Verlust zugefügt hat."
   Also beschied man den Ritter
185 vor den fürchterlichen Kaiser.
   Sobald er vor ihn kam
   und der Kaiser ihn kaum erblickt hatte,
   fuhr er ihn zornig an:
   „Herr, wie kommt Ihr dazu, Euch so rasend
190 zu gebärden und meinen weitgepriesenen Truchseß
   zu ermorden?
   Ihr habt Euch in jeder Hinsicht
   meine Ungnade aufgebürdet.
   Meine kaiserliche Macht werdet Ihr
195 gewaltig zu spüren bekommen,
   denn Ihr habt Ansehen
   und Ruhm meines Hofs mit Schande befleckt.
   An Euch wird der
   ungeheure Frevel dieser Mordtat gerächt,
200 dem mein Truchseß
   zum Opfer gefallen ist."
   „Nein, Herr, im Gegenteil!" entgegnete
   furchtlos Heinrich von Kempten.
   „Laßt mich hier Gnade finden
205 und Euer stetes Wohlwollen.
   Geruht zu vernehmen,
   wieweit ich unschuldig oder schuldig bin.
   Habe ich durch meine Heftigkeit
   Eure Feindschaft verdient,
210 so möge Eure Majestät

mich vellen unde veigen.
müg aber ich erzeigen
daz niht sî diu schulde mîn,
sô ruochent mir genædic sîn
215   daz ir mir niht übels tuont.
durch den got der hiute erstuont
an disem ôsterlichem tage,
sô gunnet mir daz ich bejage
iuwer keiserlîche gunst.
220   sît daz ir habent die vernunst
daz ir von art bescheiden²⁵ sît,
sô êrent dise hôchgezît
an mir vil armen hiute,
lânt mich der werden liute
225   geniezen die man schouwet hie.
kein schulde wart sô michel nie
dan hœre zuo genâden teil:
dur daz sô lâzent mich daz heil
hie vinden unde erwerben
230   daz ich niht müeze ersterben."
   Der keiser übel unde rôt
der rede im antwürte bôt
ûz eime grimmen herzen,
er sprach: „des tôdes smerzen
235   den hie mîn truhsæze treit,
lîd ich mit solher arebeit
daz ich niht muotes hân dar zuo
daz ich iu keine gnâde tuo
umb iuwer hôhe schulde.
240   mîn keiserlîchiu hulde
muoz iemer sîn vor iu verspart.
ir garnet ez, sam mir mîn bart,
daz mîn truhsæze tôt
lît von iu alsunder nôt."
245   Der werde ritter Heinrich
verstuont wol bî dem eide sich

mich töten und verderben.
Vermag ich aber zu erweisen,
daß ich unschuldig bin,
so wollt mir Gnade erzeigen,
215 indem Ihr mir nichts Böses antut.
Bei dem Herrn, der heute
an diesem Ostertag erstanden ist,
vergönnt mir, daß ich versuche,
Eure kaiserliche Gnade zu erwerben.
220 Da Ihr in so reichem Maß Verstand besitzt,
daß die Weisheit Euch zur Natur geworden ist,
so zeichnet dieses Fest aus,
indem Ihr mich Unglücklichen heute
um der Adligen willen,
225 die hier versammelt sind, am Leben laßt.
Noch niemals war eine Schuld so groß,
daß sie nicht der Gnade teilhaftig werden könnte.
Darum laßt mich hier Begnadigung
finden und erlangen,
230 damit ich nicht zu sterben brauche."
    Der bösartige, rothaarige Kaiser
aber antwortete ihm darauf
voller Grimm:
„Die Todesschmerzen,
235 die hier mein Truchseß erduldet hat,
die erleide ich selbst mit solcher Qual,
daß ich nicht die geringste Neigung verspüre,
Euer großes Verschulden
zu verzeihen.
240 Meine kaiserliche Gnade
sei Euch vielmehr auf immer entzogen.
Ihr sollt es büßen, bei meinem Bart,
daß mein Truchseß
ohne jede Ursache von Euch erschlagen daliegt."
245   Der edle Ritter Heinrich
merkte bei diesem Schwur

den der übel keiser tete,
daz er benamen an der stete
daz leben müeste hân verlorn.
250 des wart im alsô rehte zorn
daz er sich gerne wolte wern
und daz leben sîn genern[26]
mit willecliches herzen ger,
wand er bekande wol, swaz er
255 bî dem barte sîn gehiez,
daz er daz allez stæte liez.

   Dâ von sprach er: „nu merke ich wol
daz ich benamen sterben sol;
nû ist zît daz ich mich wer
260 und daz leben mîn gener
al die wîle daz ich kan.“
hie mit der ûzerwelte man
geswinde für den keiser spranc,
er greif in bî dem barte lanc,
265 und zuhte in über sînen tisch:
ez wære fleisch oder visch
daz man dâ für in hæte brâht,
daz wart gevellet in ein bâht,
als er in bî dem barte dans,
270 daz kinne wart im und der flans
vil hâres dâ beroubet:
sîn keiserlichez houbet
wart sêre entschumphieret,
diu krône wol gezieret
275 diu dar ûf gesetzet was,
viel nider in den palas
und al sîn rîchiu zierheit.
er hæte in under sich geleit
geswinde bî den zîten.
280 er zuhte von der sîten
ein mezzer wol gewetzet,
daz hæte er im gesetzet

des bösartigen Kaisers nur zu gut,
daß er unweigerlich und sofort
sein Leben würde lassen müssen;
250　Darüber wurde er sehr zornig;
er war unbedingt entschlossen,
sich zur Wehr zu setzen, um sein Leben
unter Aufbietung aller Willenskraft zu retten;
denn er wußte genau, wie der Kaiser alles, was er
255　je bei seinem Bart geschworen hatte,
ausnahmslos erfüllte.
　　Daher sagte er bei sich: „Jetzt sehe ich klar,
daß ich tatsächlich sterben soll;
da ist es höchste Zeit, daß ich mich wehre,
260　um mein Leben zu retten,
solange es noch möglich ist."
Gesagt, getan: Der vortreffliche Held
sprang blitzschnell auf den Kaiser zu,
packte dessen langen Bart
265　und zog ihn daran quer über die Tafel.
Ob Fleisch- oder Fischspeisen,
alles, was man vor dem Kaiser aufgetragen hatte,
das fiel in den Schmutz,
als Heinrich ihn am Bart zog.
270　Zugleich wurden aber auch Kinn und Mund des Kaisers
nicht weniger Haare beraubt:
Damit wurde das kaiserliche Haupt
schimpflich erniedrigt.
Die reichgezierte Festkrone,
275　die der Kaiser trug,
fiel auf den Boden des Palastes
wie auch all sein reicher Schmuck.
Heinrich hatte sich sogleich
schnell auf ihn geworfen.
280　Von der Seite zog er nun
sein scharf geschliffenes Messer;
das setzte er dem Kaiser

vil schiere an sîne kelen hin.
mit der hant begunde er in
285   vast umb den kragen²⁷ würgen.
er sprach: „nu lânt mich bürgen
emphâhen unde sicherheit²⁸,
daz iuwer gnâde mir bereit
und iuwer hulde werde,
290   ir muozent ûf der erde
daz leben anders hân verlorn.
den eit den ir nu hânt gesworn,
den velschet ob ir welt genesen,
oder ez muoz iuwer ende wesen.“

295   Sus lag er ûf im an der zît
und roufte in sêre widerstrît²⁹
bî sînem langen barte,
er wurgte in alsô harte
daz er niht mohte sprechen.
300   die werden und die frechen
fürsten alle ûf sprungen,
si liefen unde drungen
algemeiniclichen dar
dâ der keiser tôtgevar
305   lag under dem von Kempten:
an kreften den erlempten
hætens an den stunden
von im vil gerne enbunden.

Dô sprach der ritter Heinrich:
310   „ist iemen der nu rüere mich,
sô muoz der keiser ligen tôt:
dar nâch sô bringe ich den in nôt
der mich zem êrsten grîfet an.
sît daz ich niht genesen kan,
315   sô kumt der wirt ze freisen,
ich stiche im ab den weisen³⁰
mit disem mezzer veste.
ouch müezen sîn die geste

sofort an die Kehle,
während er ihm mit der andern Hand
285 fest den Hals zudrückte.
Dann sagte er: „Jetzt stellt mir Bürgen,
und leistet mir das Sicherheitsgelöbnis,
daß Ihr mir Gnade
und Wohlwollen zuteil werden laßt.
290 Andernfalls müßt Ihr hier auf dem Boden
Euer Leben lassen.
Den Eid, den Ihr soeben geschworen habt,
den erklärt für ungültig, wenn Ihr Euer Leben retten
denn sonst ist Eure letzte Stunde gekommen." wollt,
295   So lag er damals auf ihm
und riß ihn heftig
an seinem langen Bart.
Er würgte ihn so stark,
daß jener kein Wort hervorbringen konnte.
300 Sämtliche hochgestellten, mutigen
Fürsten sprangen auf;
sie drängten eilends
alle dorthin,
wo der Kaiser leichenblaß
305 unter dem von Kempten lag:
Er war schon ganz entkräftet,
so daß es sie trieb, ihn auf der Stelle
von dem Ritter zu befreien.
   Aber der Ritter warnte sie:
310 „Wage niemand, mich jetzt anzurühren,
sonst ist es um den Kaiser geschehen!
Und dann ist der an der Reihe,
der mich zuerst angreift.
Wenn ich schon nicht am Leben bleiben soll,
315 so soll auch der Kaiser zu Schaden kommen:
Die Krone steche ich ihm vom Haupt
mit meinem scharfen Messer;
auch die Gäste müssen dafür büßen,

engelten die mich wellen slahen:
320 ich giuze ir bluotes manegen trahen
ê daz ich müge verderben.
nu her! swer welle sterben,
der kêre her und rüere mich!"
dô trâtens alle hindersich,
325 als in diu wâre schult[31] gebôt.
der keiser ouch mit maneger nôt
vil sêre winken dâ began,
daz si giengen alhindan.

        Daz wart getân und diz geschach[32].
330 zuo dem keiser aber sprach
der unverzagte Heinrich:
„lânt hie niht lange ligen mich,
ob ir daz leben wellent hân:
mir werde sicherheit getân
335 daz ich genese, ich lâze iuch leben.
wirt mir gewisheit niht gegeben
umb den lîp, est iuwer tôt!"
hie mite ûf sîne vinger bôt
der keiser unde lobte sâ
340 bî keiserlichen êren dâ,
daz er in lieze bî der stunt[33]
von dannen kêren wol gesunt.

        Nu daz diu sicherheit ergie,
den keiser Otten er dô lie
345 geswinde von im ûfe stân,
er hæte im schiere dâ verlân
den bart ûz sînen handen.
und als er ûf gestanden
was von dem esteriche wider,
350 dô gieng er aber sitzen nider
ûf sînen stuol[34] von rîcher art;
daz hâr begunde er und den bart
streichen unde sprach alsô
ze dem von Kempten aber dô:

die mich erschlagen wollen:
320 Ich werde eine Unmenge Blut vergießen,
ehe es mit mir zu Ende geht.
Nur heran! Wer lebensmüde ist,
der traue sich her und rühre mich an!"
Da wichen sie alle zurück,
325 wie es ihnen diese wahre Zwangslage bot.
Auch der Kaiser bemühte sich mit großer Anstrengung,
heftig Zeichen zu geben,
daß sie ganz zurücktreten sollten.
   Genauso geschah es.
330 Darauf wandte sich der
mutige Ritter erneut an den Kaiser:
„Nun laßt mich hier nicht länger liegen,
wenn Ihr Euer Leben retten wollt.
Leistet mir das Sicherheitsgelöbnis, daß ich am Leben
335 bleibe, dann schenke auch ich Euch das Leben.
Sichert Ihr mir jedoch mein Leben nicht zu,
so ist das Euer sicherer Tod."
Bei diesen Worten hob der Kaiser die Hand
und gelobte sogleich
340 und auf der Stelle bei seiner kaiserlichen Ehre,
ihn sofort
völlig unversehrt von dannen ziehen zu lassen.
   Sobald das Sicherheitsgelöbnis gegeben war,
ließ er den Kaiser Otto
345 noch im gleichen Augenblick aufstehen;
auch den kaiserlichen Bart
gab er augenblicklich frei.
Als sich der Kaiser nun
vom Boden wieder erhoben hatte,
350 ließ er sich zum zweitenmal
auf seinen reichgezierten Thronsessel nieder.
Er strich sich Haar und Bart
glatt und richtete
jetzt erneut das Wort an den von Kempten:

355 „ich hân iu sicherheit gegeben
daz ich iu lîp unde leben
unverderbet lâze.
nu strîchent iuwer strâze
alsô daz ir mich iemer
360 vermîdet, unde ich niemer
mit mînen ougen iuch gesehe.
ich prüeve daz wol unde spehe
daz ir zeim ingesinde mir
ze swære sît. joch habent ir
365 vil harte an mir gunfuoget.
swer blicket unde luoget
an mînen bart, der kiuset wol
daz ich iemer gerne sol
iuwer heimlîche enbern.
370 mir muoz ein ander meister schern
dann ir, daz wizzent âne spot,
mîn bart muoz iemer, sam mir got,
iuwer scharsach mîden:
ez kan unsanfte snîden
375 hût unde hâr den künegen abe.
vil wol ich des emphunden habe
daz ir ein übel scherer sît.
ir sult bî dirre tagezît
uns rûmen hof unde lant."
380 Sus nam der ritter alzehant
zuo des keisers mannen
urloup[35] und îlte dannen.
        Er kêrte gegen Swâben wider
und lie sich dâ ze lande nider
385 ûf ein rîchez lêhengelt[36].
acker, wisen unde velt
het er ze Kempten, als ich las:
dar ûf liez er sich, wande er was
ein dienestman der selben stift[37].
390 uns seit von im diu wâre schrift[38]

355 „Ich habe Euch zwar gelobt,
Euch an Leib und Leben
unversehrt zu lassen,
richtet aber Eure Wege künftig so ein,
daß Ihr mir stets
360 aus dem Weg geht und mir niemals
wieder unter die Augen kommt.
Nach reiflicher Überlegung sehe ich deutlich ein,
daß Ihr mir als Gefolgsmann
eine zu große Last seid. Darüber hinaus habt Ihr
365 zu schwer an mir gefrevelt.
Jeder, der genauer meinen Bart ansieht,
dem wird ohne weiteres klar sein,
daß ich stets mit Freude auf Eure Gesellschaft
verzichten werde. Mir soll in Zukunft
370 wieder ein andrer Barbier den Bart stutzen
als Ihr, das sage ich Euch in allem Ernst.
Mein Bart wird künftig stets, so wahr mir Gott helfe,
Eurem Schermesser aus dem Weg gehen,
denn das schabt
375 den Königen höchst unsanft Haut und Haare.
Ich habe es nun am eignen Leib erfahren,
ein wie übler Bartscherer Ihr seid.
Darum müßt Ihr noch in dieser Stunde
meinen kaiserlichen Hof und dieses Land verlassen.“
380 Darauf nahm der Ritter ohne Zögern
von den Gefolgsleuten des Kaisers
Abschied und entfernte sich eilends.
    Er kehrte nach Schwaben zurück,
um sich dort
385 auf seinem ansehnlichen Lehnsbesitz niederzulassen.
Äcker, Weiden und Felder besaß er
zu Kempten: So habe ich es wenigstens gelesen.
Dort ließ er sich, wie gesagt, nieder; er war nämlich
ein Ministeriale des Stiftes Kempten.
390 Eine verläßliche Quelle berichtet uns von ihm,

daz er sich schône gar betruoc,
wande er hæte gülte gnuoc
und was an êren offenbâr.
Dar nâch wol über zehen jâr
395   quam ez von geschihte alsô
daz der keiser Otte dô
eins grôzen urliuges[39] pflac
und enhalp des gebirges lac
vor einer stat vil wünneclich.
400   er und die sîne hæten sich
dar ûf geflizzen manege zît,
daz si der veste gæben strît
mit steinen und mit phîlen.
doch was er bî den wîlen
405   an liuten alsô nôthaft
daz er nâch tiutscher ritterschaft
her ûz begunde senden.
er hiez in allen enden
den herren künden unde sagen:
410   swer iht hæte bî den tagen
ze lêhen von dem rîche[40],
daz im der snelliclîche
ze helfe quæme bî der stunt.
dâ bî tet er den fürsten kunt:
415   swer im wære dienesthaft
und lêhen unde manschaft
hæte emphangen under in,
daz er balde kêrte hin
ze Pülle[41] bî den zîten
420   und im dâ hülfe strîten.
swer des niht entæte,
daz er sîn lêhen hæte
verwürket unde ez solte lân.
Nu daz diu botschaft getân
425   wart in elliu tiutschiu lant[42],
dô wart ze Kempten gesant

daß er untadelig und höfisch lebte,
denn er verfügte über entsprechende Einkünfte
und genoß öffentliches Ansehen. –
   Zehn Jahre nach diesen Ereignissen
395 begab es sich zufällig,
daß Kaiser Otto
einen großen Krieg zu führen hatte
und südlich der Alpen
eine herrliche Stadt belagerte.
400 Der Kaiser und sein Gefolge hatten sich
sehr lange angestrengt bemüht,
die Festung
mit Wurfmaschinen und Geschossen niederzukämpfen.
Mit der Zeit benötigte der Kaiser jedoch
405 dringend neue Krieger;
daher ließ er nach weiteren deutschen Rittern
aussenden.
Überall befahl er,
den Herren anzusagen,
410 daß jeder, der gegenwärtig
im Lehnsverhältnis zum Reich stünde,
dem Kaiser unverzüglich
und augenblicklich zu Hilfe eilen sollte.
Zugleich ließ er den Fürsten ankündigen:
415 Jeder, der ihm, dem Kaiser, Dienstpflicht schulde,
weil er ihm den Lehenseid geschworen
und dafür ein Lehen empfangen habe,
der solle sich schnell aufmachen,
um sofort nach Apulien zu eilen
420 und ihm dort im Kampf beizustehen.
Jeder aber, der sich weigerte,
sollte sein Lehen
verwirkt haben und es aufgeben müssen.
Als auf diese Weise die Botschaft
425 in jedes deutsche Land gelangte,
wurde auch ein Bote

dem abbet ouch ein bote sâ,
der im diu mære seite dâ.

Dô der fürste lobesam
430   des keisers botschaft vernam,
dô wart er ûf die vart[43] bereit;
ouch wurden schiere, sô man seit,
al sîne dienestman besant
und ûf die reise dô gemant
435   bî triuwen und bî eiden[44].
den ritter wol bescheiden
von Kempten liez er für sich komen,
er sprach: „ir hânt daz wol vernomen,
daz der keiser hât gesant
440   nâch liuten her in tiutschiu lant,
und ich der fürsten[45] einer bin
der im ze helfe komen hin
über daz gebirge sol.
dar zuo bedarf ich iuwer wol
445   und iuwer dienestliute:
die man ich alle hiute,
und iuch ze vorderst, daz ir vart
und die reise niht enspart
diu mir und iu geboten ist.
450   dâ von sult ir an dirre frist
werden ûf die vart bereit."
„Ach herre, waz hânt ir geseit!"
sprach von Kempten Heinrich:
„nu wizzent ir doch wol daz ich
455   für den keiser niht getar
ze hove komen, wande ich gar
verwürket sîne hulde hân.
ir sult der reise mich erlân
iemer durch den dienest mîn.
460   der keiser hât die hulde sîn
vil gar von mir geleitet
und über mich gespreitet

zum Abt von Kempten gesandt,
der ihm die Nachricht überbrachte.
   Als der hochwürdige Fürstabt
430 die kaiserliche Botschaft vernommen hatte,
rüstete er sich zum Kriegszug;
auch ließ er sogleich, wie man sich erzählt,
zu seinen sämtlichen Ministerialen schicken
und sie bei ihrem Treueid
435 auf die Heeresfahrt verpflichten.
Auch ließ der Abt den erfahrenen Ritter
Heinrich von Kempten zu sich entbieten
und sagte zu ihm: „Ihr habt gewiß gehört,
daß der Kaiser
440 in deutsche Lande nach Kriegern gesandt hat.
Nun bin ich einer der Fürsten,
die verpflichtet sind,
über die Alpen ihm zu Hilfe zu eilen.
Dazu brauche ich Euch
445 und Eure Leute dringend:
Sie alle fordere ich heute auf
– und Euch an erster Stelle –,
die Heeresfahrt nicht zu unterlassen,
die mir – und damit auch Euch – befohlen ist.
450 Darum sollt Ihr Euch sogleich
zum Kriegszug rüsten."
„O weh, Herr, was habt Ihr da gesagt!"
klagte Heinrich von Kempten.
„Ihr wißt doch genau, daß ich
455 nicht wagen darf, vor dem Kaiser
bei Hof zu erscheinen, weil ich seine
Huld ganz und gar verwirkt habe.
Ihr müßt mir für alle Zeiten den Kriegszug
im Blick auf meine Lehnsdienste erlassen.
460 Der Kaiser hat mir seine Huld
völlig entzogen
und statt dessen über mir

sîner ungenâden büne[46].
ich hân erzogen zwêne[47] süne,
465 die sende ich, herre, mit iu dar;
ê daz ich alters eine var,
sô füerent ir si beide samt:
gezieret wol ûf strîtes amt
kêrent si mit iu dâ hin."
470 „Nein", sprach der abbet, „ich enbin
des muotes niht daz ich ir ger
und iuwer durch si beide enber,
wand ir mir nützer eine sît.
mîn trôst und al mîn êre lît
475 an iu bî disen zîten:
jâ kunnet ir ze strîten
gerâten ûzer mâzen wol,
und swaz man hôher dinge sol
ze hove schicken alle wege,
480 daz mac verrihten iuwer phlege
vil baz[48] dann anders iemen:
sô nütze enist mir niemen
an dirre hineverte als ir.
dâ von sô bite ich daz ir mir
485 rât mit wîser lêre gebent[49].
ist daz ir dâ wider strebent
und ir mir dienstes abe gânt,
swaz ir von mir ze lêhen hânt,
weizgot daz lîhe ich anderswar,
490 dâ manz verdienen wol getar."
„Entriuwen", sprach der ritter dô,
„und ist der rede denne alsô
daz ir mîn lêhen lîhent hin,
ob ich iu niht gehôrsam bin,
495 ich var ê mit iu, wizze Crist,
swie mir diu reise an dirre frist
ze grôzen sorgen sî gewant.
ê daz ich lâze ûz mîner hant

die Decke seiner Ungnade ausgebreitet.
Nun habe ich aber zwei Söhne großgezogen,
465 die ich mit Euch, gnädiger Herr, dorthin senden will;
statt daß ich ganz allein mitziehe,
führt lieber diese beiden mit Euch:
für den Kriegsdienst bestens ausgerüstet,
ziehen sie dann mit Euch dorthin."
470 Doch der Abt erwiderte: „Nein, ich habe nicht
die Absicht, den Dienst dieser beiden zu verlangen
und um ihretwillen auf Euch zu verzichten;
Ihr allein nützt mir nämlich bedeutend mehr.
Ihr seid meine Zuversicht, und all mein Ansehen ruht
475 jetzt auf Euren Schultern:
Seid Ihr doch beim Kampf
der beste Ratgeber;
und zu allem, was man an wichtigen Angelegenheiten
am Hof wird zu ordnen haben,
480 seid Ihr der rechte Mann
und besser als jeder andere geeignet.
Also ist mir kein Mann
bei dieser Heerfahrt so nützlich wie Ihr.
Aus diesem Grund bitte ich Euch, mir
485 Euren erfahrenen Ratschlag zu geben.
Solltet Ihr Euch jedoch dagegen sträuben
und mir den Dienst verweigern,
dann werde ich, bei Gott, alles, was Ihr von mir
zu Lehen habt, an andere austun – dorthin nämlich,
490 wo man sich zutraut, es recht zu verdienen."
    „Wahrhaftig", antwortete der Ritter,
„zielen Eure Worte darauf,
mein Lehen anderweitig auszutun,
wenn ich Euch nicht gehorche,
495 dann ziehe ich doch, weiß Gott, lieber mit Euch,
wie sehr mich auch dieser Kriegszug jetzt
in große Bedrängnis bringen könnte.
Ehe ich jedoch aus meinen Händen

mîn lêhen und mîn êre[50],
500 ê rîte ich unde kêre
mit iu benamen in den tôt.
mîn helfe sol ze rehter nôt
iu bereit von schulden sîn,
wande ir sît der herre mîn,
505 den ich dienstes muoz gewern;
sît ir sîn niht welt enbern,
sô werde erfüllet iuwer muot.
swaz mir der keiser übels tuot,
daz wil ich gerne dulden,
510 durch daz ich iu ze hulden
gedienen müge an dirre vart."
Hie mite ûf sîne reise wart
bereit der ellenthafte man,
er fuor mit sîme herren dan
515 über daz gebirge enwec.
er was sô küene und ouch sô quec
daz er durch vorhte wênic liez:
er tet swaz in sîn herre hiez
und wart im undertænic gar.
520 si wâren beide schiere dar
für die selben stat gezoget
dâ der rœmische voget[51]
lac mit sîme her vil starc.
von Kempten Heinrich allez barc
525 sich vor des keisers angesiht
und quam für in ze liehte niht,
wand er in durch den alten haz
und durch die schulde sîn entsaz.
    Sô flôch in der vil küene man:
530 ein lützel von dem her hin dan
het er die hütten sîn geslagen.
ein bat was im dar în getragen
an eime tage[52], als ich ez las,
wand im nâch sîner verte was

mein Lehen und damit mein Ansehen verliere,
500 eher reite ich mit Euch und
sei es wirklich in den Tod.
Meine Hilfe wird Euch in wirklicher Not
pflichtgemäß zuteil,
denn Ihr seid mein Herr,
505 dem ich dienstpflichtig bin.
Weil Ihr nicht darauf verzichten wollt,
sei Euer Wunsch also erfüllt.
Alles, was mir der Kaiser etwa Böses antun sollte,
das will ich bereitwillig ertragen,
510 um Euch in Ergebenheit
auf diesem Kriegszug zu dienen.“
Also wurde der tapfere Recke
für seinen Kriegszug gerüstet
und zog mit seinem Lehnsherrn
515 über die Alpen.
Er war so kühn und mutig,
daß er nie aus Furcht vor etwas zurückschreckte:
Alles, was sein Herr ihm befahl, das führte er aus;
auf diese Weise war er ihm ganz ergeben.
520 In kurzer Zeit waren beide
zu eben der Stadt gezogen,
die der Kaiser
mit seinem großen Heer belagerte.
Dabei verbarg sich Heinrich von Kempten stets
525 vor dem Kaiser
und ließ sich nicht vor ihm sehen,
weil er ihn wegen der früheren Feindseligkeit
und wegen seines Vergehens fürchten mußte.
   So mied ihn der tapfere Held.
530 Ein wenig vom übrigen Heer entfernt
hatte er sein Zelt aufgeschlagen.
Eines Tages wurde ihm dort ein
Bad bereitet – wie ich gelesen habe –,
weil er nach seinem langen Weg

535   gemaches durft: dô badet er
             in eime zuber[53] der im her
             was von eime dorfe brâht.
             und dô der ritter wol bedâht
             was gesezzen in daz bat,
540   dô sach er komen ûz der stat
             ein teil der burgære,
             und ouch den keiser mære
             stapfen gegen in dort hin:
             umb die stat wolt er mit in
545   teidingen[54] unde kôsen.
             dâ von die triuwelôsen
             burgære hæten ûf geleit
             mit parât und mit kündekeit[55],
             daz sin ze tôde slüegen;
550   si wolten gerne füegen,
             so er mit in sprâchen wolde,
             daz man in slahen solde
             und morden âne widersagen.
             Nu hæte schiere sich getragen
555   diu zît alsô, des bin ich wer,
             daz er geriten quam dort her,
             gewæfens îtel unde bar.
             ein tougenlîchiu harmschar
             was im ze lâge dâ geleit,
560   dar în er ungewarnet reit
             und wart mit frechen handen
             eins strîtes dâ bestanden,
             wan diu triuwelôse diet,
             diu tougen sînen schaden riet,
565   diu quam ûf in geriuschet dar
             mit blôzen swerten liehtgevar
             und wolte im briuwen ungemach.
             und dô der ritter daz ersach
             von Kempten[56] in dem bade dort,
570   daz man dâ mein unde mort[57]

535 einer Erfrischung bedurfte. Er badete
in einem Zuber, den man
aus einem Dorf herbeigeholt hatte.
Als der Ritter gerade gut versteckt
in seinem Bad saß,
540 sah er aus der Stadt
einige Bürger kommen
und beobachtete zugleich, wie der berühmte Kaiser
auf sie zusprengte,
denn er wollte mit ihnen über das Schicksal der Stadt
545 mündlich verhandeln.
Dabei hatten es die treulosen
Bürger mit Falschheit und List
darauf angelegt,
den Kaiser zu erschlagen.
550 Sie waren nämlich willens,
ihn zu töten,
wenn er mit ihnen reden wollte,
ihn ohne Fehdeankündigung zu ermorden.
Nun geschah es also, daß gerade
555 in diesem Augenblick, dessen bin ich sicher,
der Kaiser gänzlich
unbewaffnet dahergeritten kam.
Ein verstecktes Verbrechen
erwartete ihn dort aus dem Hinterhalt,
560 in den er ungewarnt hineinritt.
Er wurde auf gemeine Weise
von Bewaffneten überfallen;
denn die treulose Rotte,
die heimlich auf sein Verderben sann,
565 stürzte sich dort
mit gezückten, blanken Schwertern auf ihn
und wollte Unheil stiften.
Als der Ritter aus Kempten
in seinem Bad sah,
570 daß man dort frevelhaften Mord

alsus begunde briuwen,
und daz man an den triuwen
den keiser Otten wolte slahen,
dô liez er baden unde twahen
575   vil gar belîben under wegen:
reht als ein ûzerwelter degen
sprang er ûz dem zuber tief[58],
ze sîme schilte er balde lief,
der hieng an einer wende,
580   den nam er zuo der hende
unde ein swert gar ûzerwelt.
dâ mite quam der blôze helt
geloufen zuo dem keiser hin.
von den burgæren lôste er in
585   und werte in alsô nacket:
zerhouwen und zerhacket[59]
wart von im der vînde gnuoc.
der liute er vil ze tôde sluoc
die den keiser wolten slahen,
590   er gôz ir bluotes manegen trahen
mit ellenthafter hende.
ze bitterlichem ende
mit starken slegen er si treip,
und swaz ir lebendic beleip,
595   die mahte er alle flühtec.
und dô der ritter zühtec
den keiser hæte enbunden,
dô lief er an den stunden
nacket in daz bat hin wider.
600   dar în gesaz er drâte nider,
als ob er umbe die geschiht
weste in dirre werlte niht,
und badet als er tet dâ vor.
      Der keiser ûf der flühte spor
605   quam gerennet in daz her.
wer in mit manlicher wer

verüben wollte
und daß man ohne Treuaufkündigung
den Kaiser Otto erschlagen wollte,
da ließ er Bad Bad sein,
575 brach sein Waschen unvermittelt ab, sprang,
wie es sich für einen auserwählten Helden geziemt,
aus dem tiefen Zuber,
lief eilends zu seinem Schild,
der an einer Wand hing,
580 nahm ihn und
sein erlesenes Schwert in die Hand.
So bewaffnet kam der nackte Ritter
zum Kaiser hingelaufen.
Er befreite ihn von den Bürgern
585 und verteidigte ihn, nackt wie er war.
Viele Feinde metzelte
er nieder.
Er tötete viele von den Männern,
die den Kaiser hatten erschlagen wollen.
590 Er vergoß mit starker Hand
reichlich ihr Blut.
In den bitteren Tod
trieb er sie mit mächtigen Hieben.
Alle aber, die mit dem Leben davonkamen,
595 jagte er in die Flucht.
Als der edle Ritter
den Kaiser befreit hatte,
lief er sogleich
nackt in sein Bad zurück.
600 Schnell hatte er sich darin niedergesetzt,
und so, als ob er um alles in der Welt
nichts von dem Vorgefallenen wüßte,
setzte er sein unterbrochenes Bad fort.
    Der Kaiser flüchtete indessen
605 eilends zum Heer zurück.
Wer ihn mit mutigem Kampf

  hæte erlœset bî der stunt,
  daz was im harte cleine kunt,
  wand er sîn niht erkande.
610 für sîn gezelt er rande,
  dâ erbeizte er balde nider
  und saz ûf sîn gestüele wider
  vil zorniclichen bî der zît.
  die fürsten quâmen alle sît
615 für in gedrungen schiere dar.
  er sprach: „ir herren, nement war
  wie nâch ich was verrâten:
  wan daz mir helfe tâten
  zwô ritterlîche hende schîn,
620 sô müeste ich gar verderbet sîn
  und den lîp verloren hân.
  und weste ich wer mir kunt getân
  het alsô baltlichen trôst,
  daz er mich nacket hât erlôst,
625 ich wolde im lîhen unde geben.
  den lîp hân ich und daz leben
  von sîner helfe stiure:
  nie ritter wart sô tiure
  noch sô frech ân allen spot.
630 erkennet ieman in, durch got,
  der bringe in für mîn ougen her
  ich bin des offenlichen wer
  daz er emphâhet rîchen solt.
  mîn herze ist im in triuwen holt
635 und muoz im iemer günstic wesen.
  kein ritter sô gar ûzerlesen
  lebt weder hie noch anderswâ.“
  Nu stuonden sumelîche dâ
  die wol westen under in
640 daz Heinrich deme keiser hin
  geholfen hæte bî der zît.
  die sprâchen alle widerstrît:

im rechten Augenblick befreit hatte,
das war ihm völlig unbekannt,
denn er hatte seinen Retter nicht erkannt.
610 Er ritt vor sein Zelt,
stieg dort sofort vom Pferd,
um sich grimmig wieder
auf seinen Thronsessel niederzulassen.
Darauf kamen alle Fürsten
615 und drängten sich eilig um ihn.
Er redete sie an: „Ihr Herren, seht,
wie ich beinahe verraten worden wäre!
Wenn mir nicht ein Ritter
geholfen hätte,
620 so wäre ich gänzlich verloren gewesen
und hätte mein Leben lassen müssen.
Wüßte ich nur, wer mir
so tapfere Hilfe erzeigt hat,
indem er mich nackt befreite,
625 so wollte ich ihm Lehen und Geschenke geben.
Leib und Leben
verdanke ich seiner tatkräftigen Hilfe.
In der Tat: Es hat keinen kühneren
und herrlicheren Ritter je gegeben.
630 Bei Gott, wenn ihn jemand kennt,
der bringe ihn vor mich.
Ich verspreche öffentlich,
ihn reich zu belohnen.
Ich bin ihm von Herzen gewogen
635 und werde ihm stets meine Huld erweisen.
Wie ihn gibt es keinen auserwählten Ritter mehr,
weder hier noch sonst irgendwo."
Es standen aber einige in der Menge,
die genau wußten,
640 daß es Heinrich war, der dem Kaiser
rechtzeitig geholfen hatte.
Die riefen alle um die Wette:

„wir wizzen, herre, wol den helt
der iuwer leben ûzerwelt
645 von dem tôde erlœset hât.
nu vert ez leider unde stât
umb in alsô bî dirre zît
daz iuwer ungenâde lît
ze vaste ûf sînem rücke.
650 er hât daz ungelücke
daz er dur sîne schulde
vermîdet iuwer hulde.
würd im diu sælde nû getân
daz er die möhte wider hân,
655 wir liezen, herre, iuch in gesehen.“
Der keiser dô begunde jehen:
„hæt er den vater mîn erslagen,
ich lieze in mîne gunst bejagen
und tæte im mîne gnâde schîn;
660 daz nim ich ûf die triuwe mîn
und ûf mîn êre keiserlich.“
Dô wart der ritter Heinrich
von Kempten im genennet.
der keiser wîte erkennet
665 sprach dâ wider sâ zehant:
„und ist er komen in diz lant,
daz weiz ich gerne sunder wân,
wer hæte ouch anders diz getân
daz er nacket hiute streit?
670 wand er ouch die getürstekeit
truog in sîme herzen hôch
daz er bî dem barte zôch
einen keiser über tisch.
sîn muot ist frevel unde frisch,
675 des enkilt er niemer;
mîn helfe muoz in iemer
genæedeclichen decken.
doch wil ich in erschrecken

„Herr, wir kennen den Helden genau,
der Euer teures Leben
645   vor dem Tod errettet hat.
Nun verhält es sich aber
mit ihm jetzt leider so,
daß Eure Ungnade
zu schwer auf ihm lastet.
650   Ihm widerfuhr das Ungemach,
daß ihm durch eigne Schuld
Eure Huld entzogen wurde.
Würde ihm nun das Glück zuteil,
Eure Huld wiederzuerlangen,
655   so würden wir ihn Euch vorstellen.“
Da versicherte der Kaiser:
„Und wenn er mir den Vater erschlagen hätte,
ließe ich ihn meine Gunst wiedererlangen
und nähme ihn in Gnaden auf;
660   das verspreche ich bei meiner Treue
und bei meiner kaiserlichen Ehre.“
Da wurde ihm der Ritter
Heinrich von Kempten genannt.
Der weitberühmte Kaiser
665   nahm sogleich erneut das Wort:
„Wenn er es ist, der in dieses Land gekommen ist,
so verstehe ich es mit Freude und ohne Zweifel,
denn wer anders hätte das vollbracht,
heute nackt zu kämpfen – als er?
670   War er es doch auch, der verwegen
gewagt hat,
einen Kaiser beim Bart
quer über den Tisch zu ziehen.
Sein Sinn ist unerschrocken und kühn,
675   dafür braucht er nicht zu büßen;
vielmehr werde ich ihn mit meinem Beistand immer
huldvoll schirmen. Doch zuvor
will ich ihm erst noch einen Schrecken einjagen,

und übellîche emphâhen."
680 Dô hiez er balde gâhen
und in ze hove bringen;
mit zorniclîchen dingen
wart er für in gefüeret hin.
seht dô gebârte er wider in
685 als er gehaz im wære.
„nu sagent", sprach der mære
keiser, „wie getorstent ir
ie gestrîchen her ze mir
oder iemer für mîn ougen komen?
690 nu habent ir doch wol vernomen
war umbe ich iuwer vîent wart:
ir sît ez doch der mir den bart
âne scharsach hât geschorn,
und iuwer grimmeclîcher zorn
695 vil hâres in beroubet hât,
daz er noch âne locke stât,
daz hât gefrumet iuwer hant.
daz ir getorstent in diz lant
ie komen, dar an wirt wol schîn
700 daz ir hôchvertic wellet sîn
und übermuotes künnet phlegen."
„genâde, herre!" sprach der degen,
„ich quam betwungenlîchen her.
dâ von sô bite ich unde ger
705 daz ir verkieset die getât.
mîn herre, ein fürste der hie stât,
bî sîner hulde mir gebôt,
daz ich durch keiner slahte nôt
liez ich enfüere her mit ime.
710 ich setze daz hiut unde nime
ûf alle mîne sælekeit,
daz ich die vart ungerne reit,
wan daz ich muoste, sam mir got,
erfüllen gar sîn hôch gebot.

indem ich ihn scheinbar grimmig empfange."
680 Sofort befahl er einigen Leuten,
ihn eilends zum Hof zu holen;
mit zornigem Gebaren
wurde er vor den Kaiser geführt.
Seht, da benahm sich der Kaiser ihm gegenüber,
685 als sei er ihm feindlich gesonnen.
„Nun steht Rede", hub der berüchtigte
Kaiser an: „Wie konntet Ihr Euch unterstehen,
jemals wieder in meine Nähe
und mir unter die Augen zu kommen?
690 Ihr wißt doch nur zu gut,
aus welchem Grund ich Euer Feind geworden bin!
Nicht wahr, Ihr seid es doch, der meinen Bart
ohne Schermesser geschoren
und dessen grimmiger Zorn
695 ihn viele Haare gekostet hat, so daß er
bis zum heutigen Tag ohne Locken geblieben ist?
Das hat niemand anders als Ihr getan!
Daß Ihr gewagt habt, je in dieses Land
zu kommen, das zeigt mit aller Deutlichkeit,
700 daß Ihr es auf Hoffart
und Übermut angelegt habt."
„Gnade, Herr!" antwortete der Held,
„denn ich kam gezwungen hierher.
Daher erbitte und verlange ich von Euch,
705 daß Ihr die Untat verzeiht.
Mein Lehnsherr, der Fürst, der hier vor Euch steht,
gebot mir bei Verlust seiner Gnade:
Unter keinen Umständen dürfte ich
den Kriegszug mit ihm hierher unterlassen.
710 Ich setze heute darauf
mein Seelenheil zum Pfand,
daß ich die Fahrt gegen meinen Willen antreten mußte;
ich tat es nur, so wahr mir Gott helfe, weil ich
das mächtige Gebot meines Fürsten zu erfüllen hatte.

715   wær ich niht ûz mit ime komen,
       mîn lêhen hæte er mir benomen,
       wære ich an den stunden
       an der verte erwunden."

       Der keiser lachen dô began:
720   er sprach: „ir ûzerwelter man,
       ir sît unschuldic, hœre ich wol:
       dâ von ich gerne lâzen sol
       gegen iu den zorn mîn.
       mir und gote sult ir sîn
725   wol tûsent warbe willekomen.
       ir hânt mir swære vil genomen
       und daz leben mîn genert.
       den lîp müeste ich hân verzert
       wan iuwer helfe, sælic man!"
730   sus sprang er ûf und lief in an
       und kuste im ougen unde lide,
       ein suone lûter unde ein fride
       wart gemachet under in,
       ir zweier vîntschaft was dâhin,
735   wan der keiser hôchgeborn
       und sîn grimmeclicher zorn
       was dem ritter niht gevêch.
       ein gelt gab er im unde lêch
       daz jâres galt zweihundert marc[60],
740   sîn manheit frevel unde starc
       brâht in in hôhen rîchtuom
       unde in ganzer wirde ruom,
       daz man sîn noch gedenket wol.
       Dar umbe ein ieslich ritter sol
745   gerne sîn des muotes quec,
       werf alle zageheit enwec
       und üebe sînes lîbes kraft.
       wan manheit unde ritterschaft
       diu zwei diu tiurent sêre:
750   si bringent lob und êre

715 Wäre ich nämlich nicht mit ihm ausgezogen,
    er hätte mir mein Lehen genommen,
    wenn ich mich damals
    vom Kriegszug ausgeschlossen hätte."
    Da brach der Kaiser in Lachen aus
720 und sagte: „Ihr seid ein prächtiger Mensch;
    ich höre es gern, daß Ihr unschuldig seid.
    Also lasse ich freudig
    von meinem Zorn gegen Euch ab.
    Mir und Gott sollt Ihr
725 tausendfach willkommen sein.
    Ihr habt mich aus großer Notlage befreit
    und mir das Leben gerettet.
    Ich hätte wirklich ohne Eure Hilfe mein Leben
    verloren, glückbringender Mann."
730 Mit diesen Worten sprang er auf und lief auf ihn zu;
    er küßte ihm Augen und Hände.
    So wurden zwischen ihnen herzliche Versöhnung
    und Frieden wiederhergestellt.
    Ihr beider Feindschaft hatte ein Ende,
735 denn der wohlgeborene Kaiser
    wandte seinen furchtbaren Zorn
    nicht mehr feindselig gegen den Ritter.
    Er begabte ihn mit Geldgeschenken und einem Lehen,
    das jährlich zweihundert Mark einbrachte.
740 Seine unerschrockene und große Tapferkeit
    gewann dem Ritter also großen Reichtum
    und verhalf ihm zu vollkommenem Ansehen,
    so daß man sich seiner heute noch gut erinnert. –
    Darum soll jeder Ritter
745 bereitwillig tapferen Mut zeigen;
    alle Feigheit werfe er hinter sich
    und schone seine Kräfte nicht.
    Denn Mannhaftigkeit und Ritterschaft
    sind heute leider sehr selten geworden:
750 Aber noch schaffen sie Ruhm und Ansehen

noch einem iegelichen man
der si wol gehalten kan
unde in beiden mag geleben.
Hie sol diz mære[61] ein ende geben
755   und dirre kurzen rede werc,
daz ich dur den von Tiersberc[62]
in rîme hân gerihtet
unde in tiutsch getihtet
von latîne[63], als er mich bat:
760   ze Strâzburc in der guoten stat,
da er inne zuo dem tuome
ist prôbest unde ein bluome
dâ schînet maneger êren.
Got welle im sælde mêren,
765   wand' er sô vil der tugende hât.
von Wirzeburc ich Cuonrât[64]
muoz im iemer heiles biten.
er hât der êren strît gestriten
mit gerne gebender hende.
770   hie hât daz buoch ein ende.

jedem Mann,
der sie recht zu üben versteht
und nach diesen Idealen sein Leben gestaltet.
Damit möge diese Geschichte ihr Ende finden
755 und zugleich das kurze Dichtwerk,
das ich im Auftrag des Herrn von Tiersberg
in Versform gebracht
und aus dem Lateinischen ins
Deutsche umgedichtet habe, wie er es erbat.
760 Das habe ich in der frommen Stadt Straßburg
vollbracht, wo er Dompropst ist
und gleich einer Blüte
in großem Ansehen leuchtet.
Gott wolle sein Glück mehren,
765 weil er durch so vielerlei Tugenden glänzt.
Ich, Konrad von Würzburg,
werde ihm von Gott allzeit das Heil erflehen.
Denn er hat sich im Kampf um das rechte Ansehen
mit mildtätiger Hand bewährt.
770 Hiermit ist das Buch zu Ende.

DER WELT LOHN

Ir werlte minnære[1],
vernement disiu mære,
wie einem ritter gelanc
der nâch der werlte lône[2] ranc
5 beidiu spâte unde fruo.
er dâhte in manige wîs dar zuo[3]
wâ mite er daz begienge
daz er den lôn enphienge
werltlicher êren.
10 er kunde wol gemêren
sîn lob an allen orten
mit werken und mit worten.
sîn leben was sô vollebrâht
daz sîn zem besten wart gedâht
15 in allen tiutschen landen.
er hæte sich vor schanden
alliu sîniu jâr[4] behuot;
er was hübisch[5] unde fruot,
schœne und aller tugende vol.
20 swâ mite ein man zer werlte sol
bejagen hôher wirde prîs,
daz kunde wol der herre wîs
bedenken und betrahten.
man sach den vil geslahten
25 ûzerweltiu cleider tragen.
birsen[6], beizen[7] unde jagen[8]
kunde er wol und treip sîn vil,
schâchzabel[9] unde seitenspil
daz was sîn kurzewîle.
30 wær über hundert mîle
gezeiget im ein ritterschaft,
dâ wær der herre tugenthaft
mit guotem willen hin geriten

DER WELT LOHN

Ihr Liebhaber dieser Welt,
hört folgende Geschichte an,
wie es einem Ritter erging,
der von morgens bis abends
5   nach irdischem Lohn strebte.
Er dachte immer wieder darüber nach,
wie er es erreichen könnte,
daß er mit weltlichem Ansehen
belohnt würde.
10 Er war durchaus in der Lage, seinen Ruhm
überall zu vermehren;
in Taten und Reden
war sein Leben so vollkommen,
daß man von ihm in ganz Deutschland
15 nur das beste dachte.
Vor jeglichem Makel
hatte er sich sein Leben lang bewahrt.
Er war höfisch gebildet und verständig,
von schöner Erscheinung und in allem tugendhaft.
20 Alles, womit ein Mann auf Erden
hohes Ansehen erwerben soll,
das konnte der gebildete Herr sich gut
vorstellen und ausdenken.
Man sah den Edlen
25 auserwählte Kleidung tragen;
mit Hunden und Falken verstand er gut
zu jagen und tat es häufig;
Schach- und Saitenspiel
waren sein Zeitvertreib.
30 Hätte man ihm im Umkreis von hundert Meilen
ein Turnier genannt,
so wäre der edle Herr
bereitwillig dorthin geritten

und hæte gerne[10] dâ gestriten

35   nâch lobe ûf hôher minne[11] solt.
er was den frouwen alsô holt
die wol bescheiden[12] wâren,
daz er in sînen jâren
mit lange wernder stæte

40   in sô gedienet hæte,
daz alliu sældenhaften wîp
sînen wünneclichen lîp
lobten unde prîsten.
als uns diu buoch bewîsten[13]

45   und ich von im geschriben vant,
sô was der herre genant
her Wirent[14] dâ von Grâvenberc.
er hæte werltlîchiu werc
gewürket alliu sîniu jâr.

50   sîn herze[15] stille und offenbâr
nâch der minne tobte.
Sus saz der hôchgelobte
in einer kemenâten[16],
mit fröuden wol berâten,

55   und hæte ein buoch in sîner hant[17],
dar an er âventiure vant
von der minne geschriben.
dar obe hæte er dô vertriben
den tag unz ûf die vesperzît[18];

60   sîn fröude was vil harte wît
von süezer rede die er las.
dô er alsus gesezzen was,
dô quam gegangen dort her
ein wîp nâch sînes herzen ger

65   ze wunsche[19] wol geprüevet gar
und alsô minneclich gevar
daz man nie schœner wîp gesach.
ir schœne volleclichen brach
für alle frouwen die nu sint.

und hätte da begierig um Ruhm
35 und den Preis hoher Minne gekämpft.
Er war vornehmen und
verständigen Damen so gewogen
und hatte ihnen sein Leben lang
mit unermüdlicher Beständigkeit
40 so sehr den Hof gemacht,
daß alle begünstigten Frauen
sein gutes Aussehen
lobten und rühmten.
Wie wir aus Büchern erfuhren
45 und ich es von ihm selbst aufgeschrieben fand,
war sein Name:
Herr Wirnt von Grafenberg.
Während seines ganzen bisherigen Lebens hatte er
sich nur mit weltlichen Dingen befaßt.
50 Er verlangte insgeheim und auch vor aller Augen
leidenschaftlich nach der Minne.
Einst saß der vielgepriesene Herr
in seinem Gemach
und war mit Unterhaltung gut versorgt.
55 Er hielt ein Buch in der Hand,
in dem Liebesgeschichten
erzählt wurden.
Darüber hatte er den ganzen
Tag bis zum Abend verbracht:
60 Er hatte große Freude an den köstlichen
Erzählungen, die er las.
Als er so dasaß,
da kam eine Frau zu ihm,
ganz nach seinem Verlangen geschaffen.
65 Sie war in Vollkommenheit geschmückt
und sah so lieblich aus:
niemals hat es eine schönere Frau gegeben.
Ihre Schönheit übertraf bei weitem
die aller Frauen, die heute leben.

70 sô rehte minneclichez kint
    von wîbes brüsten nie geslouf.
    ich spriche daz ûf mînen touf,
    daz si noch verre schœner was
    dan Vênus oder Pallas[20]
75 und alle die gotinne
    die wîlen phlâgen minne.
    ir antlütz unde ir varwe
    diu wâren beidiu garwe
    durliuhtec[21] als ein spiegellîn.
80 ir schœne gap sô liehten schîn
    und alsô wünneclichen glast
    daz der selbe palast[22]
    von ir lîbe erliuhtet wart.
    der wunsch[23] enhæte niht gespart
85 an ir die sînen meisterschaft,
    er hæte sîne besten kraft
    mit ganzem flîze an si geleit.
    swaz man von schœnen wîben seit,
    der übergulde[24] was ir lîp.
90 ez wart nie minneclicher wîp
    beschouwet ûf der erde.
    ouch was nâch vollem werde
    ir lîp gecleidet schône.
    diu cleider und diu crône
95 diu diu selbe frouwe cluoc[25]
    ûf und an ir lîbe truoc,
    diu wâren alsô rîche
    daz si sicherlîche
    nie man vergelten kunde,
100 ob man si veile funde.
        Von Grâvenberc her Wirent
    erschrac von ir wol zwirent,
    dô si quam geslichen[26].
    sîn varwe was erblichen
105 vil harte von ir künfte dâ.

70　Nie ist ein so liebenswertes Geschöpf
　　von einer Frau großgezogen worden.
　　Ich verbürge mich dafür, so wahr ich getauft bin,
　　daß sie noch weit schöner war
　　als Venus oder Pallas Athene
75　und all die Göttinnen überhaupt,
　　die sich vormals der Liebe geweiht hatten.
　　Ihr Antlitz und ihre Gestalt
　　waren durchaus vollkommen
　　und glänzten so hell wie ein zierlicher Spiegel.
80　Ihre Schönheit strahlte einen so hellen Schein
　　und herrlichen Glanz aus,
　　daß der Saal
　　durch sie erleuchtet wurde.
　　Die Vollkommenheit selbst hatte bei ihr
85　ihre ganze Kunst aufgeboten;
　　ihre besten Kräfte
　　hatte sie mit größter Sorgfalt an diese Frau gewandt.
　　Was man schönen Frauen sonst nachrühmen mag –
　　ihre Schönheit übertraf alles.
90　Eine liebenswertere Frau
　　hat man auf dieser Welt nie gesehen.
　　Dazu war sie – ihrer Schönheit entsprechend –
　　vornehm gekleidet.
　　Kleider und Krone,
95　die diese schöne Frau
　　trug,
　　waren so kostbar,
　　daß sie bestimmt niemand
　　hätte bezahlen können,
100　gesetzt, sie wären verkäuflich gewesen.
　　　Herr Wirnt von Grafenberg
　　erschrak sehr heftig vor ihr,
　　als sie auf ihn zuschwebte.
　　Er wurde totenbleich,
105　als sie ihm erschien.

in nam des michel wunder sâ
waz frouwen alsô quæme.
ûf spranc der vil genæme
erschrocken unde missevar
110   und enphie die minneclichen gar
vil schône als er wol kunde.
er sprach ûz süezem munde:
„sint, frouwe, gote willekomen[27]!
swaz ich von frouwen hân vernomen,
115   der übergulde sint ir gar.“
diu frouwe sprach mit zühten dar:
„vil lieber friunt, got lône dir!
erschric sô sêre niht von mir:
ich binz diu selbe frouwe doch
120   der dû mit willen dienest[28] noch
und aldâher gedienet hâst.
swie dû vor mir erschrocken stâst,
sô bin ich doch daz selbe wîp
durch die du sêle unde lîp
125   vil dicke hâst gewâget.
dîn herze niht betrâget,
ez trage durch mich hôhen muot[29]
dû bist hübisch unde fruot[30]
gewesen alliu dîniu jâr,
130   dîn werder lîp süez unde clâr
hât nâch mir gerungen,
gesprochen und gesungen
von mir swaz er guotes kan;
du wære et ie mîn dienestman
135   den âbent und den morgen,
du kundest wol besorgen
hôhez lob und werden prîs;
du blüejest als ein meienrîs
in manicvalter tugende,
140   du hâst von kindes jugende
getragen ie der êren cranz,

Doch zugleich quälte ihn die Frage,
wer die Frau wohl wäre, die ihn besuchte.
Der edle Mann sprang
verwirrt und bleich auf
110 und empfing die liebenswerte Dame
so zuvorkommend, wie er es nur vermochte.
Freundlich sagte er:
„Seid hochwillkommen, Herrin!
Ihr übertrefft alles weit,
115 was ich je über vornehme Frauen erfahren habe."
Darauf erwiderte die Dame mit höfischem Anstand:
„Liebster Freund, Gott lohne dir deine Worte!
Doch erschrick nicht so heftig vor mir:
Ich bin doch eben die Dame,
120 der du noch jetzt bereitwillig dienst
und der du immer schon gedient hast.
Auch wenn du jetzt erschrocken vor mir stehst,
so bin ich doch dieselbe Dame,
für die du immer wieder
125 Leib und Leben aufs Spiel gesetzt hast.
Wenn du dich je betrüben solltest,
so sei stets um meinetwillen hochgestimmt.
Du bist dein ganzes Leben lang
höfisch gebildet und verständig gewesen;
130 als ein vornehmer und gut aussehender Mann
hast du dich um mich bemüht;
in Sprüchen und Liedern
hast du alle meine Vorzüge gefeiert;
seit jeher warst du mein Verehrer
135 so früh wie spät.
Du hast es verstanden,
dir reiches Lob und Anerkennung zu verdienen;
wie ein Maienzweig
erblühen deine zahllosen Vorzüge.
140 Von frühester Jugend an hast du
den Ehrenkranz getragen;

dîn sin ist lûter unde ganz
an triuwen ie gein mir gewesen.
vil werder ritter ûzerlesen,
145   dar umbe bin ich komen her,
daz dû nâch dînes herzen ger
mînen lîp von hôher kür
beschouwest wider unde für,
wie schœne ich sî, wie vollekomen.
150   den hôhen lôn, den rîchen fromen,
den dû von mir enphâhen maht
umb dînen dienest wol geslaht,
den solt du schouwen unde spehen.
ich wil dich gerne lâzen sehen
155   waz lônes dir geziehen sol.
du hâst gedienet mir sô wol."
     Den edeln herren tugentrîch
dûhte harte wunderlîch
dirre frouwen tegedinc[31],
160   wan si der selbe jungelinc
mit sînen ougen nie gesach,
und doch diu selbe frouwe sprach,
er wære ir dienestman gesîn.
er sprach: „genâde, frouwe mîn,
165   habe ich iu gedienet iht,
entriuwen des enweiz ich niht.
mich dunket âne lougen
daz ich mit mînen ougen
iuch vil selten habe gesehen.
170   sît aber ir geruochent jehen[32]
mîn ze cnehte, sælic wîp,
sô sol mîn herze und mîn lîp
iu ze dienste sîn bereit
mit willeclicher arebeit[33]
175   unz ûf mînes tôdes zil.
ir hânt sô hôher sælden vil
und alsô manicvalte tugent,

du bist mir immer aufrichtig und völlig
treu ergeben gewesen.
Edler, auserwählter Ritter:
145 ich bin hierhergekommen,
damit du nach Herzensbegier
meine erlesene Gestalt
von allen Seiten betrachten kannst,
meine Schönheit und Vollkommenheit.
150 Den überaus reichen Lohn und Nutzen,
den du von mir
für deinen edlen Dienst empfangen kannst,
den sollst du jetzt mit eignen Augen erblicken.
Es drängt mich, dich sehen zu lassen,
155 welcher Lohn dir zukommen wird.
Denn du hast mir überaus gute Dienste geleistet."
    Der vornehme und tugendhafte Herr
wunderte sich sehr
über die Worte dieser Dame;
160 denn obwohl der jugendliche Mann
sie noch nie gesehen hatte,
behauptete die Dame dennoch,
er sei ihr Diener gewesen.
Er sagte: „Ich bitte um Verzeihung, Herrin:
165 Wenn ich Euch je gedient haben sollte,
so weiß ich jedenfalls nichts mehr davon.
Ich glaube ganz bestimmt,
daß ich Euch noch nie
in meinem Leben gesehen habe.
170 Da es Euch aber beliebt, beglückende Herrin,
mich in Euren Dienst zu nehmen,
so will ich Euch mit Leib und Seele
bereitwillig dienen.
Gern will ich diese Mühe
175 bis an mein Lebensende auf mich nehmen.
Ihr vermögt so hohes Glück zu schenken
und seid dazu in jeder Hinsicht so vollkommen,

daz iuwer fröudeberndiu jugent
mir vil wol gelônen mac.
180   wol mich daz ich disen tac
gelebet hân! des fröuwe ich mich,
sît daz ir, frouwe minneclich,
mînen dienst enphâhen welt.
frouwe an tugenden ûzgezelt,
185   geruochent künden mir ein teil
durch daz wünnebernde heil
daz an iu, schœniu frouwe, lît:
von wannen ir geheizen sît
oder wie ir sît genant,
190   iuwer name und iuwer lant
werde mir hie kunt getân,
durch daz ich wizze sunder wân
ob ich in allen mînen tagen
ie von iu gehôrte sagen."
195   Des antwurt im diu frouwe dô,
si sprach gezogenlîche alsô:
„vil lieber friunt, daz sol geschehen.
ich wil dir gerne hie verjehen
mînes hôchgelobten namen.
200   dun darft dich niemer des geschamen
daz dû mir undertænic bist.
mir dienet swaz ûf erden ist
hordes unde guotes,
ich bin sô hôhes muotes
205   daz keiser unde küneges kint
under mîner crône sint,
grâven, frîen, herzogen
habent mir ir knie gebogen
und leistent alle mîn gebot.
210   ich fürhte niemen âne got[34],
der ist gewaltic über mich.
diu Werlt bin geheizen ich,
der dû nu lange hâst gegert.

daß Eure freudebringende Jugend
es mir gewiß lohnen wird.
180 Ich preise mich glücklich, daß ich diesen Tag
erleben darf; ich freue mich überaus,
daß Ihr, liebenswerte Herrin,
meinen Dienst annehmen wollt.
An auserwählten Vorzügen reiche Gebieterin,
185 habt die Gnade, mir etwas davon kundzutun
– um des herrlichen Glücks willen,
das in Euch, hohe Frau, beschlossen liegt –:
Welcher Ort gibt Euch den Namen,
oder wie nennt man Euch?
190 Euren Namen und Euer Heimatland
nennt mir bitte jetzt,
damit ich ganz sicher weiß,
ob ich je in meinem Leben
von Euch gehört habe."
195   Darauf gab ihm die Herrin
mit wohlgesetzten Worten Bescheid:
„Liebster Freund, das soll geschehen.
Mit Freuden will ich dir nun
meinen vielgerühmten Namen nennen.
200 Nie brauchst du dich zu schämen,
daß du mir zu Diensten bist.
Mir dient ja alles, was es auf Erden
an Schätzen und Gütern gibt;
ich bin so erhaben,
205 daß selbst Kaiser und Prinzen
unter meiner Herrschaft stehen;
Grafen, Freiherren und Herzöge
haben ihr Knie vor mir gebeugt
und befolgen alle mein Gebot.
210 Ich fürchte niemanden außer Gott,
der allein Macht über mich hat.
Die W e l t werde ich genannt,
die du nun so lange schon begehrt hast.

lônes solt du sîn gewert
215　von mir als ich dir zeige nû.
hie kum ich dir, daz schouwe dû."

　　Sus kêrtes im den rucke[35] dar:
der was in allen enden gar
bestecket und behangen
220　mit unken und mit slangen,
mit kroten und mit nâtern;
ir lîp was voller blâtern
und ungefüeger eizen,
fliegen unde âmeizen
225　ein wunder drinne sâzen,
ir fleisch die maden âzen
unz ûf daz gebeine.
si was sô gar unreine
daz von ir blœden[36] lîbe wac
230　ein alsô egeslicher smac
den niemen kunde erlîden.
ir rîchez cleit von sîden
vil übel wart gehandelt:
ez wart aldâ verwandelt
235　in ein vil swachez tüechelîn;
ir liehter wünneclîcher schîn
wart vil jâmerlich gevar
bleich alsam ein asche gar.

　　Hie mit schiet si von dannen.
240　daz si von mir verbannen
und aller cristenheite sî!
der ritter edel unde frî,
dô er diz wunder ane sach,
zehant sîn herze im des verjach,
245　er wære gar verwâzen,
swer sich wolte lâzen
an ir dienste vinden.
von wîbe und von kinden
schiet er sich aldâ zehant;

Du sollst von mir belohnt werden,
215 wie ich dir jetzt sogleich erweisen werde.
Sieh, wie ich mich dir nun zeige."
    Damit kehrte sie ihm den Rücken zu;
der war über und über
behängt und bedeckt
220 mit Gewürm und Schlangen,
mit Kröten und Nattern;
voller Blattern war ihr Körper
und mit häßlichen Geschwüren übersät.
Fliegen und Ameisen
225 saßen in Unmengen darin;
die Maden zerfraßen ihr Fleisch
bis auf die Knochen.
Sie war dermaßen voll Unrat,
daß von ihrem gebrechlichen Körper
230 ein derart abscheulicher Gestank ausging,
daß niemand ihn ertragen konnte.
Ihr kostbares Seidenkleid
wurde übel zugerichtet:
Es wurde
235 in einen armseligen Tuchfetzen verwandelt;
ihr Antlitz, sonst von hellem Glanz,
wurde so sehr entstellt,
daß es aschfahl wurde.
    Hiermit schritt sie davon.
240 Verflucht sei sie von mir und
allen Christen!
Als der vornehme und adlige Ritter
diese wundersame Verwandlung sah,
gestand er sich auf der Stelle ein,
245 daß ein jeder ganz und gar verflucht sein müsse,
der sich dazu hergeben wollte,
dieser Frau zu dienen.
Von seiner Frau und seinen Kindern
nahm er sofort Abschied.

250   er nam das criuze an sîn gewant[37]
    und huop sich über daz wilde mer[38]
    und half dem edeln gotes her
    strîten an die heidenschaft.
    dâ wart der ritter tugenthaft
255   an stæter buoze funden.
    er schuof daz zallen stunden,
    dô im der lîb erstorben was,
    daz im diu sêle dort genas.

    Nu merkent alle die nu sint
260   dirre wilden werlte kint
    diz endehafte mære[39]:
    daz ist alsô gewære
    daz man ez gerne hœren sol.
    der werlte lôn ist jâmers vol,
265   daz muget ir alle hân vernomen.
    ich bin sîn an ein ende komen:
    swer an ir dienste funden wirt,
    daz in diu fröude gar verbirt
    die got mit ganzer stætekeit
270   den ûzerwelten hât bereit.

    Von Wirzeburc ich Cuonrât
    gibe iu allen disen rât,
    daz ir die werlt lâzet varn,
    welt ir die sêle bewarn[40].

250 Er heftete das Kreuz sich ans Gewand,
    fuhr über das gefahrvolle Meer
    und half dem edlen Heer der Christen
    im Kampf gegen die Heiden.
    Dort tat der rechtschaffene Ritter
255 unablässig Buße.
    Und so arbeitete er stets darauf hin,
    daß ihm, als er starb,
    seine Seele im Jenseits gerettet wurde.
    Nun mögen alle Kinder
260 dieses unheimlichen Jammertals
    meine wahrhaftige Lehre beherzigen;
    sie ist so wahr,
    daß man sie begierig aufnehmen sollte:
    Der Lohn dieser Welt ist endloser Jammer,
265 das solltet ihr jetzt alle eingesehen haben.
    Ich jedenfalls habe dies klar erkannt:
    Keiner, der im Dienst der Welt steht,
    erlangt je die Seligkeit,
    die Gott zuverlässig und treu
270 seinen Auserwählten bereitet hat.
    Ich, Konrad von Würzburg,
    gebe euch allen diesen Rat:
    Wendet euch von der W e l t ab,
    wenn ihr eure S e e l e retten wollt!

DAS HERZMAERE

Ich prüeve in mîme sinne
daz lûterlîchiu minne
der werlte ist worden¹ wilde².
dar umb sô sulen bilde
5   ritter unde frouwen³
an disem mære schouwen,
wand ez von ganzer liebe seit.
des bringet uns gewisheit
von Strâzburc meister Gotfrit⁴:
10   swer ûf der wâren minne trit
wil eben setzen sînen fuoz,
daz er benamen hœren muoz
sagen unde singen⁵
von herzeclîchen dingen,
15   diu ê wâren den geschehen
die sich dâ hæten undersehen
mit minneclîchen ougen.
diu rede ist âne lougen:
er minnet iemer deste baz
20   swer von minnen etewaz
hœret singen oder lesen.
dar umbe wil ich flîzec wesen
daz ich diz schœne mære⁶
mit rede alsô bewære
25   daz man dar ane kiesen müge
ein bilde daz der minne tüge,
diu lûter unde reine
sol sîn vor allem meine⁷.
      Ein ritter unde ein frouwe guot
30   diu hæten leben unde muot
in einander sô verweben,
daz beide ir muot und ir leben
ein dinc was worden alsô gar:

DAS HERZMAERE

Wenn ich es recht bedenke, muß ich feststellen,
daß reine Minne
der Welt fremd geworden ist.
Deshalb sollen
5 Ritter und edle Damen
ein Vorbild in dieser Geschichte erkennen,
denn sie erzählt von echter Liebe.
Dafür verbürgt sich kein Geringerer als
Meister Gottfried von Straßburg, daß
10 jeder, der sich recht auf die Spur
der wahren Minne begeben will,
fürwahr
singen und sagen hören muß
von Herzensabenteuern,
15 wie sie die einst erlebten,
die sich voll Liebe in die
Augen gesehen haben.
Denn es ist tatsächlich wahr:
Alle verstehen sich wirklich besser auf die Liebe,
20 wenn sie etwas von der Minne
aus Lied oder Buch hören.
Darum will ich mich bemühen,
diese schöne Geschichte
so wahrhaftig zu erzählen,
25 daß man dadurch ein Beispiel
gewinnt, das der Minne dient,
die rein und frei
von jeglichem Makel sein soll.
    Ein Ritter und eine edle Dame
30 waren einander mit Leib und Seele
so sehr verbunden,
daß beide innerlich wie äußerlich
ganz und gar eins geworden waren:

swaz der frouwen arges war,
35   daz war ouch deme ritter;
dâ von ze jungest bitter
wart ir ende leider;
diu minne was ir beider
worden sô gewaltec,
40   daz si vil manicvaltec
machte in herzesmerzen.
grôz smerze wart ir herzen[8]
von der süezen minne kunt.
si hæte si biz an den grunt
45   mit ir fiure enzündet
und alsô gar durgründet
mit minneclicher trûtschaft,
daz niemer möhte ir liebe kraft
mit rede werden zende brâht.
50   ir lûterlichen andâht[9]
niemen künde vollesagen[10].
nie ganzer triuwe wart getragen
von manne noch von wîbe,
danne ouch in ir lîbe
55   si zwei zesamne truogen[11].
doch kunden sie mit fuogen
zuo einander komen niht
alsô daz si zer minne pfliht
ir gernden willen möhten hân.
60   daz süeze wîp vil wol getân
het einen werden man zer ê[12],
des wart ir herzen dicke wê:
wande ir schœne was behuot[13]
sô vaste daz der herre guot
65   nie mohte an ir gestillen
sîns wunden herzen willen,
daz nâch ir minne lac versniten.
des wart diu nôt von in geliten
diu strenge was und engestlich,

Alles, was die Frau betrübte,
35 das schmerzte den Ritter gleichermaßen.
Daraus sollte ihnen schließlich
ein bitteres Ende erwachsen.
Die Minne hatte über beide
solche Gewalt gewonnen,
40 daß sie ihren Herzen
tausendfache Schmerzen bereitete.
Ja, tiefen Schmerz mußte ihr beider Herz
durch die süße Minne kennenlernen.
Denn sie hatte sie bis auf den Grund ihrer Seele
45 mit ihrer Glut entzündet
und sie so völlig durchdrungen
mit inniger Zuneigung,
daß niemals die Stärke ihrer Liebe
mit Worten wirklich wiedergegeben werden könnte.
50 Ihre reine Zuneigung
kann niemand zureichend darstellen.
Größere Treue wurde
von keinem Menschen bewahrt,
als diese beiden in ihrem Leben
55 einander bewahrten.
Doch konnten sie auf schickliche Weise
nicht zusammenkommen,
um ihrer Leidenschaft
den Minnesold zu gewähren.
60 Die liebliche, wohlgestalte Frau nämlich
hatte einen angesehenen Gemahl:
Daraus entstand ihrem Herzen oft großer Kummer;
denn ihre Schönheit wurde so sehr bewacht,
daß der vornehme Ritter
65 niemals bei ihr
das Verlangen seines wunden Herzens stillen konnte,
das die Liebe zu ihr verletzt hatte.
Deshalb litten sie große Pein,
die hart und schrecklich war;

70 nâch ir lîbe minneclich
begunde er alsô vaste queln
daz er sînen pîn verheln
niht mohte vor ir manne.
zuo der schœnen danne
75 reit er swenne ez mohte sîn,
und tet ir dô mit clage schîn
sînes herzen ungemach;
dâ von ze jungest im geschach
ein leit daz in beswârte[14].
80 der frouwen man der vârte
mit starker huote ir beider
sô lange unz er leider
an ir gebærden wart gewar
daz si diu süeze minne gar
85 het in ir stric[15] verworren,
daz si muosten dorren
nâch einander beide.
dar umbe wart vil leide
disem guoten herren dô.
90 er dâhte wider sich alsô:
„enhüete ich mînes wîbes niht,
mîn ouge lîhte an ir gesiht
daz mich hernâch geriuwet,
wan sie mir schaden briuwet
95 mit disem werden edeln man.
deiswâr ob ichz gefüegen kan,
ich bringes ûzer sîner wer.
über daz vil wilde mer[16]
wil ich zwâre mit ir varn,
100 dur daz ich künne si bewarn
vor im unz daz er gar[17] von ir
gewende sînes herzen gir
und si den muot von im geneme.
ich hôrte sagen ie daz deme
105 sîn liep vil sanfte würde leit

70 nach ihrem lieblichen Leib
ergriff ihn solche Sehnsucht,
daß er seine Qual nicht
vor ihrem Gatten verbergen konnte:
Er ritt jederzeit zu der Schönen,
75 wenn es nur möglich war,
um ihr unter Klagen
den Kummer seines Herzens zu gestehen.
Durch dieses Verhalten sollte ihn schließlich
ein schweres Leid treffen.
80 Der Ehemann spürte
ihnen beiden sehr genau nach,
so lange, bis er zu ihrem Unglück
an ihrem Verhalten bemerkte,
daß die liebliche Minne sie ganz und gar
85 in Fesseln geschlagen hatte,
so daß sie beide
vor Sehnsucht nacheinander vergingen.
Daraus erwuchs
dem ehrsamen Mann viel Leid.
90 Er dachte bei sich:
„Achte ich nicht auf meine Gemahlin,
so muß ich vielleicht an ihr einmal etwas erkennen,
was mich nachher schmerzt,
weil sie mir dann Schaden
95 mit diesem angesehenen Edelmann bereitet.
Fürwahr, wenn es mir gelingt,
befreie ich sie von seinem Einfluß.
Über das gefährliche Meer
werde ich mit ihr fahren – das ist gewiß –,
100 um sie vor ihm zu schützen,
bis er völlig von ihr
das Verlangen seines Herzens abgewandt
und sie ihren Sinn von ihm abgekehrt hat.
Ich habe immer gehört, daß dem Menschen
105 selbst sein Liebstes unmerklich verleidet wird,

daz mit langer stætekeit
von im gescheiden würde gar.
dar umbe ich gerne mit ir var
zuo dem frônen gotes grabe,
110 unz daz si gar vergezzen habe
der hôhen minne die si treit
dem werden ritter vil gemeit[18]."

Alsus quam er des überein
daz er den gelieben zwein
115 ir trûtschaft wolde leiden,
diu niemer doch gescheiden
mohte werden under in.
er kêrte dar ûf sînen sin
daz er mit der frouwen
120 benamen wolte schouwen
Jerusalem daz reine lant[19].
und dô der ritter daz bevant,
der nâch ir süezen minne bran,
dô wart der muotsieche man
125 vil schiere des ze râte
daz er nâch ir drâte
wolte ouch varen über mer.
in dûhte daz er âne wer
dâ heime tôt gelæge[20],
130 ob er sich des verwæge
daz er wendic würde.
der strengen minne bürde
twanc sô vaste sînen lîp
daz er durch daz schœne wîp
135 wær in den grimmen tôt gevarn;
dar umbe er doch niht langer sparn
wolte nâch ir sîne vart[21].
und dô des an im innen wart
diu süeze tugende rîche,
140 do besande in tougenlîche
daz vil keiserlîche wîp.

wenn man es für längere Zeit
von ihm gänzlich fernhält.
Deshalb werde ich mit ihr
zum Heiligen Grab unseres Gottes fahren,
110 bis sie die heftige Minne,
die sie für den angesehenen,
stattlichen Ritter hegt, ganz vergißt."
    So beschloß er bei sich,
den beiden Liebenden
115 ihr Liebesglück zu zerstören,
das ihnen jedoch nie
geraubt werden konnte.
Er beabsichtigte fest,
mit seiner Gemahlin
120 wirklich Jerusalem, die Heilige Stadt,
zu besuchen.
Als der Ritter das erfuhr,
der sich nach ihrer süßen Minne brennend sehnte,
da kam der liebeskranke Mann
125 sehr schnell zu dem Entschluß,
ihr eilig nachzufahren,
ebenfalls übers Meer.
Er glaubte nämlich, daß er unweigerlich
in der Heimat sterben müsse,
130 wenn er sich dazu entschlösse,
seine Absicht zu ändern.
Die Gewalt der unerbittlichen Minne
bedrängte ihn so stark,
daß er wegen der schönen Frau
135 selbst in den bitteren Tod gegangen wäre.
So wollte er seine Fahrt
ihr nach nicht länger verzögern.
Als die Liebliche, Untadelige
seine Absicht erkannte,
140 da ließ die herrliche Frau
ihn heimlich zu sich rufen.

„friunt, herre", sprach si, „lieber lîp,
mîn man ist an den willen komen,
als dû wol selbe hâst vernomen,
145 daz er mich flœhen wil von dir.
nû volge, trûtgeselle, mir
durch dîner hôhen sælden art
unde erwende dise vart,
die sîn lîp hât ûf geleit
150 über daz wilde mere breit:
var alters eine drüber ê,
dar umbe daz er hie bestê.
wan swenne er hât von dir vernomen
daz dû bist vor im über komen,
155 sô belîbet er zehant,
und wirt der arcwân erwant
den sîn lîp hât ûfe mich,
wand er gedenket wider sich:
,wære an disen dingen iht
160 der mîn herze sich versiht
an mînem schœnen wîbe guot,
der werde ritter hôchgemuot
wære niht von lande komen.'
sus wirt der zwîvel im benomen
165 den wider mich sîn herze treit.
ouch sol dir niht wesen leit
ob dû bist eine wîle dort,
unz man verredet hie daz wort
daz von uns fliuget über lant.
170 sô dich her wider hât gesant
der vil süeze reine Crist[22],
sô hâstu sam mir alle frist
dînen willen deste baz,
ob man gar verredet daz
175 daz man ûf uns ze mære saget.
dem edeln gote sîz geclaget[23]
daz du nâch dem willen dîn

„Freund, Herr", begann sie, „Geliebtester,
mein Gemahl hat den Beschluß gefaßt –
wie du gewiß selbst gehört hast –,
145 mich dir durch die Flucht zu entziehen.
Nun höre auf mich, Geliebter:
bei deiner edlen Güte bitte ich dich,
verhindere diese Fahrt
über das gefährliche, weite Meer,
150 die er geplant hat:
Fahr du allein zuvor hinüber,
damit er hierbleibt.
Denn wenn er erst einmal von dir gehört hat,
daß du vor ihm über das Meer gelangt bist,
155 dann bleibt er ohne weiteres hier,
und zugleich wird sein Argwohn beseitigt,
den er gegen mich hegt;
denn er wird bei sich denken:
‚Wäre etwas von den Befürchtungen wahr,
160 die mein Herz
wegen meiner schönen, ehrenhaften Gemahlin hegt,
dann hätte der edelgesinnte Ritter
nicht das Land verlassen.'
Auf diese Weise wird ihm der Verdacht genommen,
165 den sein Herz gegen mich gefaßt hat.
Auch für dich wird es gut sein,
wenn du eine Zeitlang dort bist,
bis hier das Gerede verstummt,
das sich über uns im Land verbreitet hat.
170 Wenn dich
der heilige, gütige Gottessohn wieder zurücksendet,
dann kommen wir beide für alle Zeit
um so eher ans Ziel unserer Wünsche –
wenn nämlich das Gerücht erst völlig
175 verstummt sein wird, das man uns nachredet.
Dem großen Gott sei es geklagt:
daß du nicht, wie du willst,

niht iemer maht bî mir gesîn
und ich bî dir nâch mîner ger.
180   nu genc, vil lieber herre, her,
enpfâch von mir diz vingerlîn:
dâ bî soltû der swære mîn
gedenken under stunden,
dâ mite ich bin gebunden,
185   sô dich mîn ouge niht ensiht:
wan zwâre swaz sô mir geschiht,
ich muoz an dich gedenken,
dîn vart diu kan mir senken
jâmer in mîns herzen grunt[24].
190   gip mir her an mînen munt
einen süezen friundes kus
und tuo dur mînen willen sus
als ich hân gesaget dir.“
„gerne, frouwe“, sprach er zir
195   ûz trüebes herzen sinne,
„swaz ich daran gewinne,
ich tuon mit willen swaz ir[25] went.
ich hân sô gar an iuch versent
herze, muot und ouch den sin,
200   daz ich iu von rehte bin
eigenlichen undertân.
nu lânt mich iuwern urloup[26] hân,
ûzerwelte frouwe guot,
und wizzent daz mîn sender[27] muot
205   nâch iu muoz grôzen kumber doln.
ich bin sô gar an iuch verquoln
mit herzen und mit lîbe,
liebest aller wîbe,
daz ich des michel angest habe,
210   man trage tôten mich ze grabe,
ê daz diu sælde mir geschehe
daz ich iuch iemer mê gesehe.“

immer bei mir sein kannst
und ich nicht bei dir nach meinem Wunsch.

180 Nun komm her, Geliebtester,
nimm von mir diesen Ring;
er soll dich in der Zwischenzeit
an meinen Schmerz erinnern,
durch den ich dir verbunden bin,

185 wenn dich auch mein Auge nicht sieht.
Denn wahrlich, was mir auch geschieht,
ich werde immer an dich denken;
deine Fahrt wird mir den Kummer
bis tief in des Herzens Grund senken.

190 Gib mir auf den Mund
einen zärtlichen Kuß,
und handle um meinetwillen so,
wie ich dir gesagt habe!"
„Ja, ich will es, Herrin", sagte er zu ihr

195 betrübten Herzens,
„was mir auch dabei geschieht,
gern erfülle ich alles, was Ihr wollt.
Ich habe so völlig an Euch verloren
meine Seele, mein Herz und sogar meinen Verstand,

200 daß ich Euch wahrhaftig
wie ein Leibeigner untertan bin.
Nun laßt mich Abschied von Euch nehmen,
auserwählte, edle Frau,
und seid gewiß, daß mein sehnsuchtsvolles Gemüt

205 um Euch großen Kummer wird erdulden müssen.
Ich sehne mich so in Liebesqual nach Euch
mit Leib und Seele,
liebste aller Frauen,
daß mich deshalb große Furcht befällt,

210 ich könnte zu Grabe getragen werden,
bevor mir das Glück zuteil wird,
Euch noch einmal wiederzusehen."

Hie mite was diu rede hin
die si dâ triben under in
215   von ir herzeleide.
diu zwei gelieben beide
schieden sich mit marter[28],
und twungen sich dô harter
ze herzen an der stunde
220   danne ich mit dem munde
iu bescheiden künne[29].
an werltlicher wünne
lag ir beider herze tôt:
ir liehten münde rôsenrôt
225   vil senfter küsse pflâgen,
dar nâch si sich verwâgen
aller frôuden under in.
der werde ritter kêrte hin
mit jâmer an daz mer zehant;
230   den êrsten kiel[30] den er dâ vant,
darinne wart er über brâht[31].
er hæte sich des wol bedâht
daz er ûf der erden
niemer wolte werden
235   frôudehaft noch rehte frô,
got gefuoctez danne alsô
daz er ze lande quæme
und etewaz vernæme
von der lieben frouwen sîn.
240   des wart sîn herzeclicher pîn
vil strenge und ouch vil bitter:
der tugenthafte ritter
begunde nâch ir trûren
und in sîn herze mûren
245   vil jâmerlîche riuwe.
sîn altiu sorge niuwe
nâch ir süezen minne wart.
der reinen turteltûben art

Hiermit endete das Gespräch,
das sie miteinander
215 über das Leid ihres Herzens führten.
Die beiden Liebenden
trennten sich mit Schmerzen
und preßten in dieser Abschiedsstunde
ihre Herzen noch fester zusammen,
220 als ich es euch mit Worten
wiedergeben könnte.
Weltlichen Freuden
war ihr beider Herz fortan abgestorben.
Ihre rosenroten Lippen
225 tauschten viele zärtliche Küsse,
und dann verzichteten sie
auf alle Freuden miteinander.
Der vornehme Ritter reiste
sogleich traurig zum Meer.
230 Mit dem ersten Schiff, das er dort fand,
ließ er sich übersetzen.
Er war völlig darauf gefaßt,
auf dieser Welt
nie mehr
235 froh und glücklich zu werden,
es sei denn, Gott fügte es,
daß er wieder in die Heimat zurückkäme
und etwas
von seiner geliebten Herrin erführe.
240 Daraus entstand ihm
harte und bittere Herzensqual.
Der edle Ritter
sehnte sich trauernd nach ihr
und vermauerte dieses qualvolle Leid
245 in sein Herz.
Seine alte Sehnsucht
nach ihrer zärtlichen Minne wurde immer wieder neu.
Wie die unschuldige Turteltaube

       tet er offenlîche schîn,
250   wande er nâch dem liebe sîn
       vermeit der grüenen fröuden zwî
       und wonte stæteclîche bî
       der dürren sorgen aste[32].
       er sente nâch ir vaste,
255   und wart sîn leit sô rehte starc
       daz im der jâmer durch daz marc
       dranc unz an der sêle grunt;
       er wart vil tiefer sorgen wunt
       und inneclicher swære.
260   der sende marteræere[33]
       sprach ze maneger stunde
       mit siufzendem munde:
       „gêret sî daz reine wîp,
       der leben und der süezer lîp
265   mir gît sô herzeclichen pîn.
       jâ si liebiu frouwe mîn,
       wie kan ir süeziu meisterschaft
       sô bitterlicher nœte craft
       senden mir ze herzen!
270   wie mac sô grôzen smerzen
       ir vil sælic lîp gegeben!
       sol si trœsten niht mîn leben,
       sô bin ich endelîche tôt.“
       In dirre clagenden herzenôt
275   was er mit jâmer alle tage,
       und treip sô lange dise clage
       biz er ze jungest wart geleit
       in alsô sende siecheit[34]
       daz er niht langer mohte leben.
280   im wart sô grimmiu nôt gegeben
       daz man wol ûzen an im sach
       den tougenlichen ungemach
       den innerhalp sîn herze truoc.
       und dô der werde ritter cluoc

verhielt er sich offenkundig;
250 denn im Gedanken an seine Geliebte
mied er den Zweig der grünenden Freude
und verharrte ständig
auf dem Ast der dürren Trübsal.
Er sehnte sich unendlich nach ihr,
255 und sein Schmerz wurde so übermächtig,
daß ihm das Leid durch das Mark
bis in den tiefsten Grund seiner Seele drang.
Er wurde krank vor großem Gram
und innerlichem Schmerz.
260 Der sehnsuchtskranke Märtyrer
redete oft
mit seufzender Stimme:
„Gepriesen sei die edle Frau,
deren Leben und lieblicher Leib
265 mir solche Herzensqual bereiten.
Ach, sie meine geliebte Herrin –
wie kann ihre zarte Herrschaft
eine solche Menge bitterer Schmerzen
meinem Herzen zufügen!
270 Wie kann so großen Schmerz
diese Holdselige verleihen!
Wenn sie mir nicht Trost und Zuversicht gibt,
so werde ich bald tot sein.“
In dieser tiefen Herzensqual
275 trauerte er alle Tage
und klagte so lange,
bis er zuletzt
so liebeskrank wurde,
daß er nicht länger zu leben vermochte.
280 Ihm wurde ein so großer Schmerz zugefügt,
daß man ihm schon äußerlich ansah,
welch heimliche Trübsal
er in seinem Herzen trug.
Und als es dem edlen, stattlichen Ritter

285   der leiden mære sich versach
        daz im ze sterbenne geschach,
        dô sprach er zuo dem cnehte[35] sîn:
        „vernim mich, trûtgeselle mîn;
        ich bevinde leider wol
290   daz ich benamen sterben sol
        dur liebe mîner frouwen,
        wan si mich hât verhouwen
        biz ûf den tôt mit sender clage.
        dar umbe tuo daz ich dir sage:
295   swenne ich sî verdorben
        unde ich lige erstorben
        durch daz keiserlîche wîp,
        sô heiz mir snîden ûf den lîp
        und nim dar ûz mîn herze gar,
300   bluotic unde riuwevar;
        daz soltu denne salben
        mit balsam allenthalben,
        durch daz ez lange frisch bestê.
        vernim waz ich dir sage mê:
305   frum eine lade cleine
        von golde und von gesteine,
        dar în mîn tôtez herze tuo,
        und lege daz vingerlîn dar zuo
        daz mir gab diu frouwe mîn:
310   sô diu zwei bî einander sîn
        verslozzen und versigelet,
        sô bring alsô verrigelet
        si beidiu mîner frouwen,
        durch daz si müge schouwen
315   waz ich von ir habe erliten,
        und wie mîn herze sî versniten
        nâch ir vil süezen minne.
        si hât sô reine sinne
        und alsô ganze triuwe
320   daz ir mîn jâmer niuwe

285 zur traurigen Gewißheit geworden war,
daß sein Tod bevorstand,
da sagte er zu seinem Knappen:
„Höre mich an, mein Freund,
ich spüre leider zu genau,
290 daß ich unweigerlich sterben muß,
und zwar aus Liebe zu meiner Herrin;
denn sie hat mich mit Sehnsuchtsschmerz
zu Tode verwundet.
Darum tu, was ich dir auftrage:
295 Wenn ich gestorben bin
und tot daliege
wegen dieser herrlichen Frau,
dann laß mir den Leib aufschneiden,
und nimm mein Herz gänzlich heraus,
300 blutend und trauerfarben, wie es ist.
Das sollst du dann
völlig einbalsamieren,
damit es lange erhalten bleibt.
Höre, was ich dir noch auftrage:
305 Richte ein zierliches Kästchen her
aus Gold und Edelsteinen;
dorthinein bette mein totes Herz,
und lege den Ring dazu,
den mir meine Herrin gegeben hat.
310 Wenn Herz und Ring zusammen
eingeschlossen und versiegelt sind,
dann bringe beide so verwahrt
meiner Herrin,
damit sie daraus ersehen kann,
315 was ich ihretwegen erlitten habe
und wie mein Herz in Sehnsucht
nach ihrer zärtlichen Minne gebrochen ist.
Sie hat eine so reine Gesinnung
und eine ebenso vollkommene Treue,
320 daß ihr mein Kummer ständig

lît iemer an ir herzen,
bevindet si den smerzen
den ich durch si lîden sol.
dar umbe tuo sô rehte wol
325   unde erfülle mîn gebot.
der reine und der vil süeze got,
der kein edel herze[36] nie
mit der helfe sîn verlie,
der ruoche sich erbarmen
330   über mich vil armen,
und müeze der vil lieben geben
fröid unde ein wünneclichez leben,
von der ich hie muoz ligen tôt."
Mit dirre clagenden herzenôt
335   der ritter nam sîn ende.
dar umbe sîne hende
der cneht vil jâmerlîche want[37];
er hiez in snîden ûf zehant
unde erfulte im sîne bete.
340   swaz er in ê gebeten hete
daz tet er unde kêrte dan
als ein fröudelôser man
mit dem herzen alsô tôt.
er fuorte ez, als er im gebôt,
345   zuo der selben veste
dâ er si ûfe weste
durch die der liebe herre sîn
leit des grimmen tôdes pîn.

Dô er zuo der veste quam
350   dâ diu frouwe tugentsam
was inne bî der selben zît,
dô reit im ûf dem velde wît
ir man engegen von geschiht
und wolte, als uns daz mære giht[38],
355   dâ lîhte hân gebeizet[39].
des wart der cneht gereizet

und immer am Herzen liegen wird,
wenn sie den Schmerz erfährt,
den ich ihretwegen erleiden muß.
Darum halte dich genau daran
325 und erfülle meinen Auftrag.
Der vollkommene und unendlich heilige Gott,
der noch kein edles Herz
mit seiner Hilfe im Stich gelassen hat,
der erbarme sich
330 über mich Elenden
und gebe der Liebsten
Freude und ein glückliches Leben,
ihr, um derentwillen ich hier sterben muß.«
In solcher tiefen Seelenqual
335 verschied der Ritter.
Da rang der Knappe
voll Jammer die Hände.
Er ließ ihn sogleich aufschneiden
und erfüllte ihm seine Bitte.
340 Alles, um was er ihn vor seinem Tod gebeten hatte,
führte er aus, um dann
als freudloser Mensch
mit dem toten Herzen heimzukehren.
Er brachte es, wie ihm aufgetragen worden war,
345 zu eben der Burg,
auf der er die Dame wußte,
derentwegen sein geliebter Herr
den bitteren Todesschmerz hatte erdulden müssen.
    Als er zu der Burg kam,
350 in der die Edle
sich damals aufhielt,
da ritt ihm auf dem freien Feld
zufällig ihr Ehemann entgegen
und wollte, wie uns die Geschichte erzählt,
355 dort wohl der Falkenjagd nachgehen.
Diese Begegnung versetzte den Knappen in Unruhe,

ûf clegelichez ungemach;
wan dô der ritter in gesach,
dô gedâhte er alzehant:
360 „zwâre, dirre ist her gesant
umb anders niht wan umbe daz
daz er mæres etewaz
bringe mînem wîbe
von sînes herren lîbe
365 der nâch ir minne jâmer treit."
hie mite er zuo dem cnehte reit
und wolte in mære frâgen sâ.
dô gesach er schiere dâ
die lade von gezierde cluoc[40],
370 darinnen er daz herze truoc
und der frouwen vingerlîn.
er hætes an den gürtel sîn
gehenket beidiu von geschiht
als ob ez wære anders iht.

375 Dô der ritter daz ersach,
den cnappen gruozte er unde sprach,
waz er dar inne trüege.
dô sprach der vil gefüege
und der getriuwe jungelinc:
380 „herr, ez ist einer hande dinc
daz verre bî mir ist gesant."
„lâ sehen", sprach er alzehant,
„waz drinne sî verborgen!"
dô sprach der cneht mit sorgen:
385 „zwâre des entuon ich niht,
kein mensche ez niemer gesiht
wan der ez sol von rehte sehen."
„nein, alsô mag ez niht geschehen",
sprach der ritter aber zime,
390 „wand ich dirz mit gewalte nime
und schouwe ez sunder dînen danc."
Dar nâch was vil harte unlanc

denn er fürchtete ein beklagenswertes Unglück.
Als der Ritter ihn nämlich erkannt hatte,
dachte er gleich bei sich:
360 „Gewiß ist der Knappe
zu keinem andern Zweck hierhergesandt,
als um meiner Frau irgendeine Nachricht
zu überbringen,
und zwar von seinem Herrn,
365 der sich klagend nach ihrer Minne sehnt."
Mit diesen Gedanken ritt er zu dem Knappen
und wollte ihn sogleich wegen der Nachricht befragen.
Als er angekommen war, gewahrte er bald
das kunstvoll verzierte Kästchen,
370 worin der Knappe das Herz trug
und den Ring der Herrin.
Er hatte es an seinen Gürtel
wie zufällig gehängt,
als handle es sich um etwas Gleichgültiges.
375 Als aber der Ritter das sah,
grüßte er den Knappen und fragte,
was er darin trüge.
Da sagte der gehorsame
und treue Bursche:
380 „Herr, das ist etwas,
was jemand aus der Ferne durch mich hergesandt hat."
„Laß sehen", erwiderte der Ritter sogleich,
„was darin verborgen ist!"
Besorgt antwortete der Knappe:
385 „Das tu ich beileibe nicht;
kein Mensch wird es je sehen
außer dem, der es rechtens sehen darf."
„Nein, das wird nicht geschehen",
erwiderte der Ritter ihm,
390 „denn ich nehme es dir mit Gewalt
und sehe es mir eben ohne deine Zustimmung an."
Im selben Augenblick

          biz daz er im daz ledelîn
          brach von deme gürtel sîn.
395   daz tet er ûf mit sîner hant:
          daz herze sach er unde vant
          dâ bî der frouwen vingerlîn.
          an den zwein wart ime schîn
          daz der ritter læge tôt
400   und disiu beidiu sîner nôt
          ein urkünde wæren
          ze der vil sældenbæren.

             Der ritter sprach dem cnehte zuo:
          „ich sage dir, cnappe, waz du tuo:
405   var[41] dîne strâze, wellest dû,
          ich wil daz cleinœte[42] nû
          mir selben hân, daz sage ich dir."
          Sus reit er heim nâch sîner gir
          und sprach ze sînem koche sâ,
410   daz er im ûz dem herzen dâ
          ein cleine sundertrahte
          mit hôhem flîze mahte.
          daz tet der koch mit willen gar:
          er nam zuo im daz herze dar
415   und mahte ez alsô rehte wol
          daz man enbîzen niemer sol
          dekeiner slahte spîse,
          diu alsô wol nâch prîse
          mit edeln würzen sî gemaht
420   als daz herze vil geslaht.

             Als ez wart gar bereitet,
          dô wart niht mê gebeitet;
          der wirt gienc ezzen über tisch
          und hiez tragen alsô frisch
425   die trahte sînem wîbe dar.
          „frouwe", sprach er suoze gar,
          „diz ist ein spîse cleine,
          die solt du ezzen eine,

riß er ihm das Kästchen
vom Gürtel ab und
395 öffnete es mit der Hand.
Da sah er das Herz und fand
dabei den Ring seiner Gemahlin;
daran erkannte er,
daß der Ritter gestorben war
400 und daß diese beiden
ein Zeugnis seiner Qual
um die beglückende Geliebte waren.
   Der Ritter wandte sich zu dem Knappen:
„Ich will dir sagen, Knappe, was du zu tun hast:
405 Zieh gefälligst deines Wegs;
ich werde jetzt diesen Schatz für mich behalten,
das laß dir gesagt sein."
Darauf trieb es ihn heimzureiten.
Seinem Koch befahl er sofort,
410 ihm aus dem Herzen
eine feine, besonders köstliche Mahlzeit
mit größter Sorgfalt zu bereiten.
Das tat der Koch sehr gern.
Er nahm das Herz entgegen
415 und richtete es so köstlich an,
daß man wohl niemals mehr
ein Gericht wird essen können,
das ebenso vorzüglich
mit edlen Gewürzen bereitet ist
420 wie dieses hochedle Herz.
   Als es fertig angerichtet war,
da wartete man nicht länger.
Der Hausherr setzte sich zur Tafel
und ließ das Gericht frisch
425 seiner Gemahlin auftragen.
„Herrin", sagte er honigsüß,
„dies ist ein köstliches Gericht,
das sollst du ganz allein essen;

　　　　wan dû ir niht geteilen maht."
430　　sus nam diu frouwe vil geslaht
　　　　und az ir friundes herze gar,
　　　　alsô daz si niht wart gewar
　　　　welher slahte ez möhte sîn.
　　　　daz jâmerlîche trehtelîn
435　　sô süeze dûhte ir werden munt
　　　　daz si dâ vor ze keiner stunt
　　　　nie dekeiner spîse gaz[43]
　　　　der smac ir ie geviele baz.
　　　　　　Dô diu frouwe stæte
440　　daz herze gezzen hæte,
　　　　dô sprach der ritter alzehant:
　　　　„frouwe, nû tuo mir bekant,
　　　　wie disiu trahte dir behage.
　　　　ich wæne daz du dîne tage
445　　enbizzest keiner spîse nie
　　　　süezer, frouwe, denne die."
　　　　„Lieber herre", sprach si dô,
　　　　„niemer werde ich rehte frô,
　　　　ob ich ie spîse gæze
450　　diu sô zuckermæze
　　　　mich dûhte und alsô reine
　　　　sô disiu trahte cleine
　　　　der ich iezuo hân bekort.
　　　　aller spîse ein überhort
455　　muoz si mir benamen sîn.
　　　　sprechent, lieber herre mîn,
　　　　ist diz ezzen lobesam
　　　　gewesen wilde oder zam?"
　　　　　　„Frouwe", sprach er aber zir,
460　　„vernim vil rehte waz ich dir
　　　　mit worten hie bescheide:
　　　　zam und wilde beide[44]
　　　　was disiu trahte, sam mir got!
　　　　den fröuden wilde sunder spot,

teilen kannst du es nicht."
430 So nahm die edle Frau das Gericht
und verspeiste das Herz ihres Freundes,
ohne zu merken,
was sie da aß.
Die beklagenswerte kleine Mahlzeit
435 schmeckte der Edlen so köstlich,
daß sie nie zuvor
eine Speise gegessen hatte,
die ihr besser gemundet hätte.
    Als die getreue Dame
440 das Herz gegessen hatte,
sagte ihr Gemahl sogleich:
„Herrin, nun erzähle mir,
wie dieses Gericht dir gefallen hat.
Ich meine, du dürftest bisher
445 noch nie eine Speise gegessen haben,
Herrin, die köstlicher gewesen wäre als diese."
„Lieber Herr", antwortete sie,
„ich will nie mehr richtig froh sein,
wenn ich je eine Speise gegessen habe,
450 die so delikat
und so vollkommen schmeckte
wie diese köstliche Mahlzeit,
die ich eben gekostet habe.
Als die allerbeste Speise
455 muß ich sie wirklich anerkennen.
Sagt mir, lieber Herr:
ist dieses wunderbare Gericht
von wilden oder von zahmen Tieren gewesen?"
    „Herrin", antwortete er ihr,
460 „hör genau zu, was ich dir
hier auseinandersetze:
Zahm und wild zugleich
war diese Speise – bei Gott!
Diesem Fleisch war wahrhaftig alle Freude

465 den sorgen zam ân underlâz:
du hâst des ritters herze gâz
daz er in sîme lîbe truoc,
der nâch dir hât erliten gnuoc
jâmers alle sîne tage.
470 geloube mir waz ich dir sage.
er ist von sender herzenôt
nâch dîner süezen minne tôt,
und hât dir daz herze sîn
und daz guote vingerlîn
475 zeim urkünde her gesant
bî sînem cnehte in ditze lant[45]."
    Von disem leiden mære
wart diu sældenbære
als ein tôtez wîp gestalt,
480 ir wart in deme lîbe kalt
daz herze, daz geloubent mir.
ir blanken hende enphielen ir
beide fürsich in die schôz,
daz bluot ir ûz dem munde dôz,
485 als ir diu wâre schult gebôt[46].
„jâ", sprach si dô mit maneger nôt,
„hân ich sîn herze denne gâz
der mir hât ân underlâz
von grunde ie holden muot getragen,
490 sô wil ich iu benamen sagen,
daz ich nâch dirre spîse hêr
dekeiner trahte niemer mêr
mich fürbaz wil genieten.
got sol mir verbieten
495 durch sînen tugentlichen muot,
daz nâch sô werder spîse guot
in mich kein swachiu trahte gê.
enbîzen sol ich niemer mê
dekeiner slahte dinges,
500 wan des ungelinges

465 fremd geworden, aller Kummer aber ständig vertraut.
Du hast das Herz des Ritters gegessen,
das er in seinem Leib trug;
er hat deinetwegen sein Leben lang
Kummer übergenug erlitten.
470 Glaube mir, was ich dir sage.
Er ist vor quälender Herzenssehnsucht
nach deiner zärtlichen Minne gestorben
und hat dir sein Herz
und den kostbaren Ring
475 zum Beweis
durch seinen Knappen hierhergesandt."
  Bei dieser leidvollen Erzählung
nahm die Beglückende
das Aussehen einer Toten an;
480 das Herz erkaltete ihr im Leib,
das glaubt mir.
Ihre makellosen Hände sanken ihr
leblos in den Schoß,
Blut stürzte aus ihrem Mund –
485 das bewirkte ihr hartes Schicksal.
„Ja", sagte sie dann unter vielen Qualen,
„habe ich also dessen Herz gegessen,
der mir stets
aus ganzer Seele hold gewesen ist,
490 so will ich Euch ein für allemal sagen,
daß ich nach solch edler Speise
ferner keine Mahlzeit mehr
genießen will.
Gott bewahre mich
495 in seiner Güte, daß ich nach einer
so auserwählten und einzigartigen Speise
jemals wieder gewöhnliche Nahrung zu mir nähme!
Nie mehr will ich irgend etwas genießen,
es sei, was es wolle:
500 einzig und allein nur das Leid,

daz geheizen ist der tôt.
ich sol mit sender herzenôt
verswenden hie mîn armez leben
umb in der durch mich hât gegeben
505 beidiu leben unde lîp.
ich wære ein triuwelôsez wîp,
ob ich gedæhte niht daran
daz er vil tugenthafter man
sante mir sîn herze tôt.
510 wê daz mir ie nâch sîner nôt
wart einen tac daz leben schîn[47]!
zwâr ez enmac niht langer sîn
daz ich âne in eine lebe,
und er in deme tôde swebe
515 der vor mir triuwe nie verbarc."
sus wart ir nôt sô rehte starc
daz si von herzenleide
ir blanken hende beide
mit grimme zuo einander vielt.
520 daz herze ir in dem lîbe spielt
von sender jâmerunge.
Hie mite gap diu junge
ein ende ir süezen lebene
und widerwac vil ebene
525 mit eime swæren lôte
swaz ir dâ vor genôte
ir friunt geborget hæte.
si galt mit ganzer stæte
und ouch mit hôhen triuwen ime.
530 Got welle, swaz ich dinges nime,
daz ich wider geben daz
müeze sanfter unde baz
dann ir vil reinez herze tete.
ich wæne daz an keiner stete
535 wart nie vergolten alsô gar
noch niemer wirt: des nim ich war

das Tod genannt wird.
Ich will mit quälender Herzenssehnsucht
mein elendes Leben fortan hingeben
für ihn, der um meinetwillen
505 Leib und Leben verloren hat.
Ich wäre eine treulose Frau,
wenn ich nicht stets daran dächte,
daß er, der edle Mann,
mir sein totes Herz gesandt hat.
510 Weh, daß mir nach seiner Todesqual das Leben
auch nur einen einzigen Tag gefristet wurde.
Wahrlich, es ist unmöglich,
daß ich ohne ihn allein lebe,
während er tot liegt,
515 der mir immer seine Treue bewiesen hat."
Da wurde ihr Schmerz so übergroß,
daß sie vor Herzensjammer
ihre makellosen Hände
schmerzlich ineinanderkrampfte.
520 Das Herz brach ihr im Leibe
vor Sehnsuchtsschmerz.
So gab die junge Frau
ihrem Leben ein Ende
und wog all das genau
525 mit schwerem Gewicht auf,
was ihr zuvor ohne Zögern
ihr Freund alles gegeben hatte.
Sie vergalt es ihm mit unbeirrbarer
und großer Treue.
530 Gott gebe, daß ich alles, was ich je borge,
weniger schmerzlich und auf leichtere Art
zurückzugeben vermöchte,
als es ihr reines Herz getan hat.
Denn ich glaube, daß noch nirgendwo
535 etwas so vollständig vergolten wurde,
noch je vergolten wird: Das sehe ich

an den liuten die nu sint[48];
wand in froun Minnen underbint
lît niht sô strengeclîchen an
540 daz beidiu frouwen unde man
zesamene gebunden sîn,
daz si des grimmen tôdes pîn
nu durch einander lîden.
man slîzet ab der wîden
545 ein bast vil sterker mit der hant,
dann iezuo sî der minne bant
dâ nu liep bî liebe lît.
âne grimmes tôdes strît
werdent si gescheiden wol
550 die nu kumberlîche dol
durch einander wellent tragen.
frou Minne gît bî disen tagen
in selten alsô guoten kouf.
wîlen dô sie niender slouf
555 ze tugentlôser diete
umb alsô swache miete,
dô dûhte ir süezekeit sô guot
daz durch si manic edel muot
biz ûf den tôt versêret wart.
560 nu hât verkêret sich ir art
und ist sô cranc ir orden,
daz sie wol veile ist worden
den argen umbe ein cleinez guot.
dar umbe lützel iemen tuot
565 durch si nû dem lîbe wê.
man wil dar ûf niht ahten mê,
und tiuret daz vil cleine
daz sich algemeine
den liuten hât gemachet,
570 daz ist dâ von geswachet[49].
als ist ez umb die minne:
gewünne si die sinne

an den Menschen, die jetzt leben;
denn für sie ist die Bindung durch die Frau Minne
nicht mehr so fest,
540 daß Mann und Frau
derart miteinander verbunden sind,
daß sie den bitteren Todesschmerz
auch heute noch umeinander erleiden würden.
Man schleißt selbst von einer Weide
545 mit der Hand ein weit stärkeres Bastseil,
als heutzutage das Band der Liebe ist,
wenn Geliebte beisammen sind.
Ohne harten Todeskampf
lassen sich heute die trennen,
550 die ein beschwerliches Los
umeinander tragen sollten.
Frau Minne gibt ihnen heutzutage
nie einen derartigen Gewinn.
Aber damals fand sie sich auch nie
555 bei gewöhnlichen Leuten
zu einem so geringen Preis ein;
damals galt die Minne noch so viel,
daß um ihretwillen viele edle Gemüter
auf den Tod verwundet wurden.
560 Nun aber hat sich ihr Wesen gewandelt,
und ihr Stand ist so schwach,
daß sie schlechten Menschen käuflich wurde
für eine Kleinigkeit.
Darum empfindet auch niemand mehr
565 um ihretwillen körperlichen Schmerz.
Man achtet sie nicht mehr;
denn man schätzt das gar nicht,
was sich den Leuten
gemein gemacht hat.
570 Davon wird es wahrlich geschwächt.
So steht es auch um die Minne:
Wenn sie die Seelen gewinnen könnte,

daz si noch tiurre würde,
ez wære jâmers bürde
575 nie geleget vaster an
dann iezuo frouwen unde man:
ez würde nâch ir sô gestriten
und für einander sô geliten
daz man ez gerne möhte sehen.
580 Niht anders kan ich iu verjehen,
von Wirzeburc ich Cuonrât.
swer alsô reine sinne hât
daz er daz beste gerne tuot,
der sol diz mære in sînen muot
585 dar umbe setzen gerne,
daz er dâ bî gelerne
die minne lûterlichen tragen.
kein edel herze sol verzagen[50]!

so daß sie wieder geschätzt würde,
dann wäre die Last des Kummers
575 niemandem stärker auferlegt
als den heute lebenden Frauen und Männern:
Denn dann würde wieder um sie so gekämpft
und füreinander so gelitten,
daß man es mit Freude sehen könnte.
580 Nichts anderes kann ich euch erzählen,
ich, Konrad von Würzburg.
Jeder, der so guter Gesinnung ist,
daß er das Beste bereitwillig tut,
der soll diese Geschichte
585 willig in seinem Sinn behalten,
um daraus zu lernen,
die Minne rein zu bewahren.
Kein edles Herz darf die Zuversicht verlieren!

Anhang

I. Zu *Der Welt Lohn*

DER GUOTÆRE*

›Der Welt Lohn‹

1

Hievor ein werder ritter lac
tôtsiech dâ an dem bette sîn.
sô schœne ein vrouwe vür in gie,
Daz er sô hôh' ir schœne wac:
sie hete vor allen wîben schîn,
ern sæch ouch schœner vrouwen nie.
Sie stuont vor im unt sprach: „nu sage,
guot ritter, wie ich dir behage;
du hâst gedienet vlîzec mir
gar dîne tage: nu bin ich komen unt wil nâch tôde lônen
dir."

2

Von golde ir krône, wol geberlt
ir wât, ir gürtel, ir vürspan.
dô sprach er: „vrouwe, wer sît ir?"
Si sprach zuo z'im: „ich bin'z, diu Werlt!
du solt mich hinden schouwen an:
sich, disen lôn den bringe ich dir."
Ir was der rücke vleisches hol,
er was gar kroten, würme vol,
unt stank alsam ein vûler hunt:
da weinete er unt sprach: „ôwê, daz dir wart ie mîn
dienest kunt!"

* Unter diesem Namen sind einige Gedichte eines süddeutschen Wan-
derdichters vom Ende des 13. Jh.s überliefert.

3

Swer dirre vrouwen niht ensiht,
der seh' der werlde diener an,
wie's in dem alter sîn gestalt:
Derst grâ, derst blint, sôn' hât der niht,
die alten sihst mit krücken gân.
unreht hôchvart, unreht gewalt,
Die leit diu werlt, ôwê der nôt!
an lîbe, an sêle, an êren tôt:
wîp, liebiu kint, vriunt, al sîn habe
nimt im diu werlt: si sendet in   mit eime swachen tuoch ze
grabe.

4

Sô in die vriunt bestatet hânt,
sô kumt diu werlt unt bringet dar
den lôn, den sach der ritter dort.
Die kroten, würme des niht lânt,
sie ezzen von dem beine gar
hût unde vleisch; nu hœrt diz wort:
Gêt in den kerner unde seht,
wes ir ze vriunt, ze mâge jeht:
wâst rîchtuom, schœne, wirdeceit?
dâ hât diu werlt des armen bein   dem rîchen vür den munt
geleit.

5

Nu dar, der tôt ist ûf der vart!
er zoget alle tage her
zuo z'uns ein tageweide breit.
Die strâze uns all er hât verspart,
wan zweier ist er unser wer:
deist vröude oder werndez leit.
Nein, alle sünder, bitet dar
die reinen maget, diu krist gebar,
gar âne sünde unde âne wê,   gê.
daz sie uns helfe ûf die strâze,   diu z'immerwernder vröude

Von der welt valscheit

(Zürcher Papierhandschrift vom Jahr 1393)

Es ist enkein mensch, das so hertes herzen si, gedehte es dik
an den lon, den diu welt git an dem ende, das es ir iemer
mit willen gedienoti. Wan liset von einem herren, Der hies
der von Gravenberg, Vnd hat der welt V vnd XX iar ge-
dienet mit aller der herschaft, so er für bringen mocht; Vnd
do er zuo einem mal dur einen wald reit, Do sach er ein
frouwen, diu was also liutselig vnd also schœn, das in ducht,
do er si erst an sach, das im gelonet were aller der erbeit,
die er ie gehatte. Vnd do er lang mit ir geret nach allem
sinem willen, do kert si sich vmb vnd wolt von im gan: do
was si hindan aller der marter vnd allen dien pinon vnd
aller der vnreinkeit glich, so man han mocht. Do fraget er,
wer si wer, das si also wunneklich angesichte gebe vnd doch
hindenon also iemerlich gestellet were. Do sprach si „Ich bin
die welt vnd ouge mich alsus allen den, die begird hant mich
ze sehen. Ich geheis in richtuom, vnd gib in die ewigen mar-
ter; Ich geheis in vil suessekeit, vnd gib in die ewigen bitter-
keit; Vnd geheis in langes leben, vnd gib in den ewigen tot.‟
Do sprach er „so klag ich got, das ich dir ie also lange ge-
dienot han, Vnd muos mich riuwen vntz an minen tot, das
ich dem niht gedienet han, der mir vmb kleine armuot git
den ewigen richtuom Vnd vmb kleine arbeit die ewigen
suessekeit Vnd vmb dis kurz leben das ewige leben.‟ Wan
ünser herre der ist aber so milt, das er einem ieklichen men-
schen git himelrich vnd alles das guot, das er geleisten mag,
der disen zerganklichen richtuom dur sinen willen lat, Vnd
vmb klein arbeit git er die ewigen suessekeit. Won ein trophe
der suessekeit, diu da fliusset von dem götlichen vrsprunge
in des geistlichen menschen herze, machot, das er vergisset
aller der guenlichi vnd der eren, die er vf ertrich han sölte
mit vatter vnd mit muoter vnd mit allen sinen friunden.
Won weri elliu herschaft samunt vnd elliu diu frœd vnd der
trost, den elliu herzen ie gewunnen vf dem ertrich, der

möchti sich nit gelichen einem trophen der suessekeit vnd des
trostes, den geistlich liut enphahent in ir gebet. Wan da en-
phahent si also gros gnade vnd suessekeit, das alle die philo-
sophen vnd alle die meister, die von dem gestirne vnd von
allen künsten ie gelasen, niht erkennen noch gesagen kündin
von der suessekeit vnd von der gnad, die geistlich liut en-
phahent von ünsrem herren. Won si ist also gros vnd also
vnsaglich, das si selb da von niht gesagen noch gereden
künnen, die si enphahent. Ünser herre der ist also guot vnd
milte: dienet im ein mensch dis kurtz leben (das ist recht als
ein ougen blike wider dem ewigen lebenne). Dar vmb wil
im ünser herre sich selben ze lon gen in der geselleschaft aller
heiligen, das er in iemer eweklich niesse nach allem sinem
willen. Da von sprichet *Sanctus Augustinus* „Owe, wie wun-
neklich das ist, so der mensch got schouwet, als er ist in im
selben, vnd sihet, das er sin götlich natur gekleidet het mit
siner kranken menscheit, vnd er denne wider sichet in sich
selben, das der herre vnd der got, der himel vnd erde vf
enthaltet mit sinem gewalt, das der wonet in siner sele.“
Won das ist diu obrost frœd, die man het in dem himelrich,
das der mensch gar mit ewiger frœde vnd wunne wider gat
in in: Wan alles, das er sihet vnd hœrt, das ist im ein sun-
liche frœde.

Ein peispel von einem weib wz uorn schön und hinden schaüczlich

(pal. germ. 312, Autograph von *Michel Beheim*, Bl. 185a-b)

Eins tags pegund ich reiten
gar lustiglichen eines morgens frü,
daz waz zu meigen zeiten,
do kam ich vff einn anger grün.
Mit lilgen veiol rosen
stund er gezirt, in lüstiglicher plü

mit plumen vnd zeitlosen.
da hort ich manchen vogel kün,
Galander lerchen troschel vnd fraw nachtigal
hort ich lieplichen singen.
vol ganczen fröden wart mir da daz iunge hercze mein,
do ich mit reichem schall
ir süsses dönen hort her clingen,
Daz es so wunniglichen widerhall,
vnd also sach entspringen
rot praun gel weiß manch plümlein vein.

In diser grünen heide
pegent mir das aller schönest weip.
ich sprich es pei meim eide,
daz ich vff erden nie gesach
So wunnigliches bilde.
näch allem wunsch geziret waz ir leip.
sie gieng vff dem geuilde,
plumen vnd rosen sie da prach.
Ir stolczer leib gefurmet waz nach allem fleiß
in engelischem scheine.
ir här waz gleich der gelwen seiden, vnd ir augen praun,
ir uarw gab lichten gleis.
sie het zwei klare wenglin veine,
Sy woren rosen rot vnd lilgen weis.
ir munt pran als rubeine,
ir antlut waz gepildet schoun.
Ir zirheit must ich rumen.
sie trug vff irem haubet einen crancz
gemacht uon siben plumen.
ir hercz waz frei vnd fröden reich.
Die schön pegund mich grüssen,
da wart mir erst mein hercz in fröden gancz
mit . . . . worten süssen*
. . . .*

* Unterer Rand beschnitten.

Ich peiset nider zu dem wunniglichen weib
vnd pat sie zu mir siczen.
vmb sie warb ich hübschen vnd sprach, ich welt ir diener sein.
daz hercz in meinem leib
wart mir in irer lieb herhiczen.
ich wonet, sie wer mir ein leit,
vertreiblich ret mit hüpschen wiczen,
pis ich erpult das fröwlin vein.

Uil fröd ich mit ir hete.
kein weip erzeiget sich freüntlicher nie,
wann sie dann gen mir tete.
vnd da die naht herzu herkam,
Da gieng es an ein scheiden.
sie sprach: meins wesens ist nit lenger hy,
ich muß von diser heiden!
ein schnelles vrlob sie da nam.
Mein fröd vnd lust verkeret wart in großen schant,
ich schied von meinem bůlen.
sie kert sich hinden dar vnd het ein iemerlichen ganck.
der rucken waz ir faul,
dar ynn sach ich die maden wůlen
vnd sonst manches vnreinen wurmes maul.
von schelmen auß vnd pfůlen
kein ding so übel nie gestanck.

Croten nätern vnd slangen
vnd süst vnreines sah ich genug
an irem rucken hangen.
rötend, ist euch daz frölin künd?
Ich zel es zu der welte.
das crenczlein, das sie vff dem heibet trug
von plumen siben velte,
daz sein die siben häbet sünd,
Da mit die welt so ůpiglichen ist becrönt,
so schentlich vberzogen.

sie ist außwendig senfft vnd glat vnd ynner halben hol,
mit posheit überschönt.
wer ir getraut, der ist getrogen.
ir zirheit nympt ein end vnd wurt verhönt.
ach mensch, hab got vor ogen!
bedenck, waz auß dir werden sol!

In Kuonrâdes von Wirzeburc hovedône
Wie der meister der Welt urloup gît

(Meisterlieder der Kolmarer Handschrift, Nr. CXVIII)

Sich, Welt, ich hân gedienet dir so ich aller beste kunde.
den dînen schilt den fuorte ich ie mit êren zaller stunde.
mit marke und ouch mit pfunde
gæb du mir dîner freuden solt.
An dînem hove sô was mir wol, ich volgte dîner ræte.
du wær mir liep, ich pflac dîn schöne in ganzen triuwen
owê dîn visch hât græte,   stæte.
valsch kupfer gît dîn valwez golt.
Des angstet und ouch leidet mir daz ungefuore leben mîn.
von allem daz dâ heizet dîn
vind ich kein stæte ninder.
daz vor nu lept und hete sin, daz wârn bîwîlen kinder.
liep leidet sêr: wer gît mir tac, und wirt mîn silber sinder?
hiut sumer, morne winder.
Welt, ich bin dir ze mâzen holt.

DIU WELT ANTWÜRTET

„Friunt lieber, waz ist dir geschehen ald wes ist dir ze
                                                           muote?
ich pflac dîn ie und pflige dîn noch lieplîch in hôher huote,
in êren und mit guote,
mit freuden nâch dem willen dîn.

Dâ von lâz, friunt, dîn tummen sin und tuo dîn rede

du solt in hôhen êren immer wirdiclîchen alten.   behalten.

vil freude sol dîn walten

und sol dîn schafferinne sîn.

Daz ist ein dinc daz dir tuot wol und dich vil gerne bî im

und dich in keinen nœten lât   hât

alsô daz ez belîbe.

du hâst doch lange gehœret sagen wie loufe gelückes schîbe,

daz man sie zallen zîten volliclîchen fürbaz trîbe.

dar umb du bî mir blîbe

und volge nâch dem willen mîn."

Frou Welt, dîn kôsen hilfet niht, ich wil mich von dir

                                  scheiden.

den êren und den freuden dîn den widersage ich beiden.

dîn solt der muoz mir leiden

den ich ie williclîchen nam.

Ich hân in dîner ritterschaft die mînen tage verswendet,

du hâst mir dicke kranken trôst gein vînden starc gesendet,

vil dick wart ich gepfendet:

dîn güet mir niht ze helfe kam.

In dîm geheize vinde ich lüge: Welt, des mêret sich mîn

wan du gelopt mir lange tage   clage,

und frôen lîp gesunden.

dar inn hân ich daz alter nû mit jâmers clage vunden.

in dînem dienst hân ich gelept nû und ze allen stunden.

des ist mîn freude verswunden:

sich, Welt, dâ von bin ich dir gram.

WELT

„Bistu mir gram, friunt, âne schult, daz meinet kranke sinne

und ich dir swes dîn herze gert ze freuden gnuoc gewinne

und dich mit triuwen minne.

ein cranker friunt in nœten wagt.

Du tuost gelîch als ob ich wolte dîn unstæte melden,

wiltu gein liebes friundes gruoze fluochen unde schelden
und liep mit argem gelden:
waz hilfet daz man dir gesagt?
Der dînen freuden frewe ich mich. man spricht swâ fuhs gein
und eine hât, diu ander zwâ,   fuhse stâ
daz sî ir beider êre.
daz bispel ziuht sich ûf die friunt die man entsitzet sêre.
swâ sich die zweien, ist ir kraft gekrenket immer mêre.
friunt, volge friundes lêre:
tuo menlich sô dich nieman jagt.“

DER MINNER MIT DER WELT

Sich, Welt, dîn locken hilfet niht, deiswâr ich wil von hinnen.
„du halber friunt und ganzer zage, sô wiltu mir entrinnen?“
jâ ich wil wider sinnen
zwâr in den hof der niht zergât.
„Dîn irrer muot, mîn süezer lône dich des hoves irret.“
dem süezen gote getriuwe ich wol daz mir doch niht
„waz schât ob dich dann irret   enwirret.
der siben mîner tohter rât?“
Jârâ der rât hât mich erslân: dem süezen gote dem clage
„nu beitâ, friunt, ich gürt dich baz,   ich daz.
wiltu mîn hant vermîden?“
der reinen meide getriuwe ich wol, der güete hilfet lîden.
„ich lege dir drûch und stricke vil, die würgen unde snîden.“
dar ûz wil ich mich rîden,
sît niht mîn muot zer welte stât.

II. Zum *Herzmaere*

Der Bremberger*

1.

Mit Urlaub Frau um euren werten Dienstmann
Geheißen war der Bremberger
Ein edler Ritter weise,
In seinem Ton ich euch wohl singen kann,
Darin mir niemand verdenke,
Sein Lob immer preise,
Er hat gesungen mannigfalt,
Das red ich auf die Treue mein,
Von einer schönen Frauen.
An ihm geschah große Gewalt,
Daß er verlor das Leben sein,
Sein Leib, der ward ihm zerhauen.
Der Herr, der sprach: „Du hast mir lieb die Fraue mein,
O Bremberger, es geht dir an das Leben dein!"
Sein Haupt, das ward ihm abgeschlagen
Zu derselben Stund',
Das Herz er in dem Leibe trug,
Das aß der Fraue roter Mund.

2.

Der Herr, der sprach: „Frau, könnt Ihr mich bescheiden nun,
Was Ihr jetzund gegessen hand,
Daß Euch's der lieb Gott lohne."
Die Frau, die sprach: „Und das weiß ich sicher nicht,
Ich wollt's also gern wissen tun,
Es schmecket mir also schöne."

---

* Das Lied ist seit dem Ende des 16. Jh.s nachweisbar. Die in älteren
Fassungen als Strophe 2 überlieferten Verse mit dem Dialog zwischen
dem Herrn und seinem Koch haben Arnim und Brentano ausgeschieden.

Er sprach: „Fürwahr glaub du mir's,
Es ist gewesen Brembergers Herz,
Er trug's in seinem Leibe
Und bracht' dir viel Schimpf und Scherz,
Es konnt' dir machen Freuden viel
Und konnt' dir Leid vertreiben."
Die Frau sprach: „Hab ich gegessen, das mir Leid vertrieben hat,
Und sollt' meiner armen Seel' nimmer werden Rat,
So tu ich einen Trunk darauf zu dieser Stund',
Von Essen und von Trinken kommt nimmer mehr in meinen
                                    Mund."

3.

Die Frau stand auf, sie eilet von dem Tische,
Verbarg sich in ihr Gemach,
Und dacht' ihr's Herzens Schwere:
„Hilf Maria, du himmlische Königin,
Daß mir nie so Leid geschah
Ja an dem Brembergere.
Um meinetwillen litt er Not,
Da war er gar unschuldig an,
Es muß mich immer reuen, um ihn so leid ich hier den Tod,
Meines Leibes er nie gewaltig ward,
Red ich bei meinem Treuen;
Er kam mir nie so nah, daß mir von ihm ward ein Umbefang,
Des trauer ich sehr, mir ist mein Leben worden krank,
Sich hat verkehrt Herz, Mut und all mein Sinn,
Und wenn meins Lebens nimmer ist,
So scheid' mein arme Seel' von mir dahin."

4.

Nun wollt ihr hören, wie lang die Frau des Lebens pflag,
Ohn' Essen und Trinken hat sie kein Not,
Als ich euch will bescheiden.
Fürwahr sie lebt bis an den eilften Tag,
Da schied die Zart', die Wert' davon,

Dem Herrn geschah groß Leiden.
„Ach Gott, wie soll es mir ergahn,
Daß ich die liebste Fraue mein
So unehrlich hab verraten
Und ihren werten Dienstmann,
Ich fürcht, es wird mir viel zu schwer
Mein Seel', die muß leiden Not."
Der Herr, der stand und sah den großen Jammer an:
„O Herre Gott, daß ich sie beide samt verraten han!"
Der Herr ein Messer in sein eigen Herz stach,
Es wende dann Maria und ihr liebes Kind,
Sein Seel' muß leiden Ungemach.

LUDWIG UHLAND

Der Kastellan von Coucy*

Wie der Kastellan von Coucy
    Schnell die Hand zum Herzen drückte,
    Als die Dame von Fayel
    Er zum erstenmal erblickte!
Seit demselben Augenblicke
    Drang durch alle seine Lieder
    Unter allen Weisen stets
    Jener erste Herzschlag wieder.
Aber wenig mocht' ihm frommen
    All die süße Liederklage,
    Nimmer darf er dieses hoffen,
    Daß sein Herz an ihrem schlage.
Wenn sie auch mit zartem Sinn
    Eines schönen Lieds sich freute,

* Das Gedicht entstand 1812 und wurde 1815 erstmals veröffentlicht.

Streng und stille ging sie immer
  An des stolzen Gatten Seite.
Da beschließt der Kastellan,
  Seine Brust in Stahl zu hüllen
  Und mit draufgeheft'tem Kreuz
  Seines Herzens Schlag zu stillen.
Als er schon im Heil'gen Lande
  Manchen heißen Tag gestritten,
  Fährt ein Pfeil durch Kreuz und Panzer,
  Trifft ihm noch das Herze mitten.
„Hörst du mich, getreuer Knappe?
  Wann dies Herz nun ausgeschlagen,
  Zu der Dame von Fayel
  Sollt du es hinübertragen."
In geweihter, kühler Erde
  Wird der edle Leib begraben;
  Nur das Herz, das müde Herz,
  Soll noch keine Ruhe haben.
Schon in einer goldnen Urne
  Liegt es, wohl einbalsamieret,
  Und zu Schiffe steigt der Diener,
  Der es sorgsam mit sich führet.
Stürme brausen, Wogen schlagen,
  Blitze zucken, Maste splittern,
  Ängstlich klopfen alle Herzen,
  E i n e s nur ist ohne Zittern.
Golden strahlt die Sonne wieder,
  Frankreichs Küste glänzet drüben,
  Freudig schlagen alle Herzen,
  E i n e s nur ist still geblieben.
Schon im Walde von Fayel
  Schreitet rasch der Urne Träger,
  Plötzlich schallt ein lustig Horn
  Samt dem Rufe wilder Jäger;
Aus den Büschen rauscht ein Hirsch,
  Dem ein Pfeil im Herzen stecket,

Bäumt sich auf und stürzt und liegt
    Vor dem Knappen hingestrecket.
Sieh! der Ritter von Fayel,
    Der das Wild ins Herz geschossen,
    Sprengt heran mit Jagdgefolg',
    Und der Knapp' ist rings umschlossen.
Nach dem blanken Goldgefäß
    Tasten gleich des Ritters Knechte,
    Doch der Knappe tritt zurück,
    Spricht mit vorgehaltner Rechte:
„Dies ist eines Sängers Herz,
    Herz von einem frommen Streiter,
    Herz des Kastellans von Coucy;
    Laßt dies Herz im Frieden weiter!
Scheidend hat er mir geboten:
    Wann dies Herz nun ausgeschlagen,
    Zu der Dame von Fayel
    Soll' ich es hinübertragen." –
„Jene Dame kenn ich wohl",
    Spricht der ritterliche Jäger
    Und entreißt die goldne Urne
    Hastig dem erschrocknen Träger.
Nimmt sie unter seinen Mantel,
    Reitet fort in finstrem Grolle,
    Hält so eng das tote Herz
    An das heiße, rachevolle.
Als er auf sein Schloß gekommen,
    Müssen sich die Köche schürzen,
    Müssen gleich den Hirsch bereiten
    Und ein seltnes Herze würzen.
Dann, mit Blumen reich bestecket,
    Bringt man es auf goldner Schale,
    Als der Ritter von Fayel
    Mit der Dame sitzt am Mahle.
Zierlich reicht er es der Schönen,
    Sprechend mit verliebtem Scherze:

„Was ich immer mag erjagen,
  Euch gehört davon das Herze."
Wie die Dame kaum genossen,
  Hat sie also weinen müssen,
  Daß sie zu vergehen schien
  In den heißen Tränengüssen.
Doch der Ritter von Fayel
  Spricht zu ihr mit wildem Lachen:
  „Sagt man doch von Taubenherzen,
  Daß sie melancholisch machen:
Wieviel mehr, geliebte Dame,
  Das, womit ich Euch bewirte,
  Herz des Kastellans von Coucy,
  Der so zärtlich Lieder girrte!"
Als der Ritter dies gesprochen,
  Dieses und noch andres Schlimme,
  Da erhebt die Dame sich,
  Spricht mit feierlicher Stimme:
„Großes Unrecht tatet Ihr;
  Euer war ich ohne Wanken,
  Aber solch ein Herz genießen,
  Wendet leichtlich die Gedanken.
Manches tritt mir vor die Seele,
  Was vorlängst die Lieder sangen:
  Der mir lebend fremd geblieben,
  Hat als Toter mich befangen.
Ja, ich bin dem Tod geweihet,
  Jedes Mahl ist mir verwehret:
  Nicht geziemt mir andre Speise,
  Seit mich dieses Herz genähret.
Aber Euch wünsch ich zum letzten
  Milden Spruch des ew'gen Richters."
Dieses alles ist geschehen
  Mit dem Herzen eines Dichters.

ANMERKUNGEN

Heinrich von Kempten

1. Vielleicht eine Anspielung auf Otto II. (Kaiser 973–983), der den Beinamen ‚der Rote' führte und dem man jugendliches Ungestüm nachsagte.
2. Der Eid ist ursprünglich eine bedingte Selbstverfluchung („mir soll das geschehen, wenn ..."), die auch auf einen Körperteil beschränkt werden kann, indem man etwa beim eignen Haupt oder – wie hier – beim eignen Bart schwört.
3. Rote Haare sind dem Volksglauben bis heute ein Zeichen für Hinterlist, Tücke und Bosheit.
4. *muot:* Seele, Geist, Gesinnung, Ge-müt; das Wort Mut hat zum Nhd. Bedeutungsverengung erfahren; die alte, umfassendere Bedeutung ist noch faßbar in Wendungen wie ‚zu Mute sein'.
5. *ze-hant:* artikelloser, unumgelauteter Dat. Sg. des Subst. *hant* (vgl. vor-handen, ab-handen: artikellose, unumgelautete Dat. Pl.). In V. 19 findet sich dagegen die mhd. übliche, durch Übertritt in die i-Deklination umgelautete Form des Dat. Sg. *an sîner hende.*
6. *komen:* Part. Prät. ohne die übliche Vorsilbe ge-; ebenso mhd. *troffen, vunden, worden, brâht* (Verben mit an sich perfektiver Bedeutung, die den Abschluß eines Vorgangs ausdrücken). Vgl. noch Luthers Lied „Gelobet seyst du": „Er ist auf Erden kommen arm" oder Nietzsches Jugendgedicht „Heimkehr": „Wieder bin ich kommen".
7. ‚Castrum Babenberch', die im 9. Jh. erbaute Stammburg der Babenberger (die von 974–1246 in Österreich regierten), lag in der Nähe des heutigen Bamberg.
8. *hôchgezît:* Ahd. *diu hôha gizît,* das hohe Fest; bedeutungsmäßig seit dem 17. Jh. auf das Fest der Eheschließung eingeengt.
9. Im Unterschied zu der Trias in ›Der Welt Lohn‹ (V. 207)

werden hier in regelmäßig absteigender Linie nach den geistlichen Fürsten (V. 29 f.) einige weltliche Standesgruppen gleichsam Pars pro toto genannt; *dienestman* ist die dt. Entsprechung zum mlat. *ministerialis*. Die Ministerialen (zu deren Stand auch Heinrich, der Held dieser Novelle, gehört – vgl. V. 389) waren ursprünglich unfreie Vasallen. Die Aufwertung ihres Standes erfolgte durch Übernahme der oberen Hofämter und den Eintritt vieler Adeliger in ein Dienstmannenverhältnis (Lehnsübernahme), so daß die Ministerialen bereits seit dem 11. Jh. den Freigeborenen praktisch gleichgestellt werden und der Unterschied sich im 15. Jh. vollends verwischt. – Im Eingang des ›Armen Heinrich‹ nennt sich der Dichter Hartmann bekanntlich *dienstman . . . zOuwe* (V. 5).

10. *presse:* in der Bedeutung ‚Gedränge‘ (vgl. engl. *the press*) aus dem Afrz. übernommen. Die heute noch vertraute Gerätebezeichnung war bereits früher aus dem Lat. (*pressa, [win-]presse*) entlehnt.

11. Typisch mhd. Stilfigur, sachlich unzutreffend ‚mhd. Ironie‘ genannt; vergleichbar der modernen Erzählhaltung des *understatement*, ist es den mhd. Dichtern eigentümlich, die Dinge nicht direkt und nicht im Extrem zu nennen; vielmehr umschreibt und untertreibt man der *mâze*, der *aurea mediocritas*, gemäß, die nicht nur das höfische Verhalten im weitesten Sinn, sondern auch den Stil höfischer Dichtung bestimmt. So bedeutet *harte cleine* (V. 608) oder *vil selten* (vgl. ›Der Welt Lohn‹, V. 169) durchweg ‚gar nicht, überhaupt nicht‘. In der vorliegenden Wendung mag allerdings zugleich auf das Osteressen als Ende der Fastenzeit angespielt sein.

12. Vor den Mahlzeiten wurde Wasser gereicht. „Da die Gäste mit den Händen zulangten, . . . so war es . . . notwendig, daß jeder sich vor Beginn des Mahles noch einmal die Hände wusch . . . Das Wasser den Tischgästen reichen zu lassen, war Sache des Kämmerers" (Alwin Schultz, Das höfische Leben zur Zeit der Minnesinger, Bd. I; Leipzig 1889, S. 416. – Vgl. ›Nibelungenlied‹ 606, 1 f.: *Des wirtes kamerære / in becken von golde rôt / daz wazzer für truogen;* 607, 1: *Ê daz der vogt von Rîne / wazzer dô genam*).

13. *junc-herre:* Kompositum aus dem Adj. *junc* und dem Subst. *herre* (vgl. Jung-frau), Bezeichnung des jungen Adeligen vor dem Ritterschlag (hier: Sohn eines Herzogs). Infolge der starken Anfangsbetonung schwächte sich der zweite Bestandteil des Kompositums ab: Junker. Dieses Wort bezeichnet später den adeligen Gutsbesitzer unabhängig von seinem Alter. Im Hof- und Heerwesen blieb die ältere Bedeutung jedoch erhalten: Hof-junker, Fahnen-junker.

14. Vgl. die Anm. 23.

15. *blanc:* Die Bedeutungsentwicklung zeigt eine spätere Hs. der Novelle, die für das nunmehr unpassend erscheinende Wort ,*blanc*' „weiss" bietet; im Nhd. tritt die mhd. noch deutlich anklingende Bedeutung weiß gegenüber blink-end, glänzend, zurück.

16. *truhsæze:* unter Erleichterung der schweren Konsonantenverbindung < *truht-sæze* (nd. *dro[t]-sete* > Droste). Wahrscheinlich ein Kompositum aus *truht* (Gefolge) und *sæze* (der Sasse; der Sitzende): also „der im Gefolge Sitzende" bzw. der den Vorsitz innerhalb der Gefolgschaft innehat. Der Amtsträger hat den Tafeldienst bei Hof zu leiten (vgl. Alwin Schultz, l. c., S. 415: „Nachdem die Tafel gedeckt, auch das Essen in der Küche fertig und bereit war, trat der Truchseß, der die letzten Vorbereitungen überwacht hatte, in den Saal. Er ... trägt in der Hand den Stab, das Abzeichen seiner Würde"). – Truchseß, Marschall (Stallmeister), Kämmerer und Mundschenk hießen seit früher Zeit die obersten Hofämter; später (zusammen mit den drei Kanzlern) die (mit der Kurwürde verbundenen) Erzämter. Als Erztruchseß war seit der Goldenen Bulle (1356) der Pfalzgraf bei Rhein gesetzlich anerkannt.

17. Vgl. Alwin Schultz, l. c., S. 158: „Wer sich nämlich nicht persönlich um die Erziehung seiner Kinder kümmern konnte, übergab die Söhne einem Hofmeister *(zuhtmeister).*" Vgl. Berthold von Regensburg, III. Pred., S. 34: *Und dar umbe gît man der hôhen herren kinden zuhtmeister, die alle zît bî in sint unde sie ze allen zîten zuht lêrent.*

18. *un-mære:* ahd. *mâri,* berühmt (so noch in Vornamen: Vilmar, der sehr Berühmte; Thank-mar, der Gedankenbe-

rühmte; Walde-mar, der rühmlich Waltende); das gleich-
lautende Subst. bedeutet ‚Kunde‘ (vgl. V. 428) – so noch
in Luthers „ich bring euch gute neue Mär“. Seit dem spä-
ten 15. Jh. wird die Diminutivform für kurze, erfundene
Geschichten gebraucht und durch die Sammlung der Brü-
der Grimm (1812) schließlich bedeutungsmäßig festgelegt:
Märchen.

19. Konrad brauchte den unritterlichen Totschlag an dieser
Stelle, um die spätere Ritterlichkeit Heinrichs abheben
zu können; durch scheinbar makabren Humor verhüllt
er die Szene.

20. *zwirben:* sich drehen; Mischbildung aus *zirben* (vgl. Zir-
bel) und *wirben* (vgl. werben und die zugehörige Inten-
sivbildung wirbeln).

21. *in-ge-sind-e:* Der Stamm des Worts ist mit dem nhd.
Verb send-en verwandt und bedeutet soviel wie (Kriegs-)
Fahrt; das *gisindi* ist also ursprünglich die Kriegsgefolg-
schaft, die eine Kriegsfahrt mitmacht, dann das Gefolge
bzw. die Dienerschaft überhaupt.

22. Stilmittel des Pars pro toto: der mhd. Dichter setzt gern
in poetischer Umschreibung einen Teil für das Ganze
(vgl. ›Herzmære‹, V. 230: *kiel:* Schiff); *mîn antlitze* oder
mîn herze: ‚ich‘.

23. *mein:* Missetat, Falschheit (vgl. nhd. Mein-eid); in V. 570
alliterierend: *mein unde mort.*

24. *geschiht:* Verbalabstraktum zum st. V. *geschehen*, das,
was geschehen ist; daraus entwickelt sich die Bedeutung
‚Erzählung von Geschehenem‘ und verdrängt allmählich
‚Historie‘.

25. *bescheiden:* belehrt, erfahren (der Dichter Freidank nennt
sein um 1230 entstandenes Werk ›Bescheidenheit‹ – im
Sinn von Unterscheidungsvermögen, Bescheidwissen); ‚sich
bescheiden‘ heißt demnach zunächst ‚eine Einsicht erlan-
gen‘ – wer Einsicht gewonnen hat, wird „bescheiden“ im
heutigen Sinn des Worts.

26. *genern:* Kausativ zu *genesen* (vgl. V. 335), also: machen,
daß jemand genest, jemanden am Leben erhalten; nhd.
mit Bedeutungsverengung „nähren“, jemanden durch
Nahrung am Leben erhalten.

27. *kragen:* Hals; vgl. in Luthers Äsop-Übersetzung die

9. Fabel: „Da kam der Kranich und stieß seinen langen Kragen dem Wolf in den Rachen." Aus der Nebenbedeutung ‚Nacken' erwächst der heutige Wortgebrauch – zugleich wird das zugehörige Kleidungsstück so benannt; vgl. Ärmel: Arm, (Rock)schoß.

28. *sicherheit:* Terminus technicus des Ritterwesens: der im Zweikampf Unterlegene kann *sicherheit geben* (V. 355), *sicherheit tuon* (V. 334), um sein Leben zu retten; nach dem höfischen Regelkodex ist der Sieger verpflichtet, die gebotene Sicherheit anzunehmen. Der Besiegte fügt sich nach *ergangener sicherheit* (V. 343) ganz dem Willen des Siegers. Vgl. etwa ›Parzival‹, 198, 1; 215, 10; 267, 12: die Besiegten müssen jeweils an den Artushof und die gegebene Sicherheit auf die Cunnewâre de Laland übertragen; so dient der Ritter mit seinen Siegen und durch die von ihm Besiegten seiner Dame. – Mit diesem Terminus gibt Heinrich dem Akt handfester Notwehr nachträglich den Anstrich eines ritterlichen Zweikampfs. Die an das Sicherheitsversprechen geknüpften Bedingungen aber werden schon vorher genannt: hier geht es allein um die Straffreiheit.

29. *widerstrît:* wörtlich: im Gegenkampf, um die Wette.

30. Der ‚Waise' *(orphanus), lapis qui in corona Romani imperatoris est* (Albertus Magnus), ein ‚mit nichts zu vergleichender' Edelstein in der deutschen Kaiserkrone (Pars pro toto: die Krone selbst). In Konrads Dichtung ›Trojanerkrieg‹ ist der Name gedeutet: *den weisen ie vil hôhe wac | der keiser und daz rîche, | durch daz nie sîn gelîche | wart under manigem steine* (V. 20-23). Bekannt sind Walthers Formulierungen: *swer nû des rîches irre gê, | der schouwe wem der weise ob sîme nacke stê: | der stein ist aller fürsten leitesterne* (19, 2-4) – d. h., an der Krone erkennt man den wahren König –; *Philippe setze en weisen ûf, und heiz si treten hinder sich* (9, 15). Die Krone ging der Sage nach auf Karl den Großen zurück; so muß man aus der Tatsache, daß die dt. Kaiserkrone ein Kunstwerk erst des 11. Jh.s ist, nicht auf einen unbewußten oder gar bewußten Anachronismus des Dichters schließen. – Da es bereits V. 274-276 geheißen hatte: *diu krône ... viel nider in den palas,* kann diese Drohung

Heinrichs nur metaphorisch gemeint sein: ,Ich mache seinem Kaisertum ein Ende (indem ich ihn töte).'

31. *schult* dürfte hier wie im ›Herzmære‹, V. 485, als schicksalhafte Notwendigkeit zu verstehen sein (vgl. auch Konrads Epos ›Engelhard‹, V. 972: *als mir diu wâre schulde jach*)

32. Stehende Wendung; vgl. ›Tristan‹, V. 7686 und 7767.

33. *stunt:* zum Verb **standan* (stehen) gehörig, bedeutet das Wort zunächst ,feststehender Punkt im Zeitablauf'; erst seit dem 15. Jh. ,Dauer von 60 Minuten'. Die alte Bedeutung hält sich in Wendungen wie ,von Stund an' (von einem Zeitpunkt an) oder ,eine Zahlung stunden' (auf einen anderen Zeitpunkt verschieben).

34. *stuol:* mit besonderem Bildungssuffix (-l) ebenfalls zu ,stehen' gehörig. Wie aus den überkommenen Bezeichnungen ,Kaiserstuhl', ,päpstlicher (Heiliger) Stuhl' erhellt, hat sich die Bedeutung des Worts zum Nhd. hin verallgemeinert und verflacht.

35. *urloup:* eigentlich Erlaubnis, nhd. auf die vom Herrn gewährte zeitweilige Dienstfreiheit (Ferien) eingeschränkt. Es entspricht höfischer Sitte, sich nicht ohne *urloup* (vor allem der Dame oder des Königs) zu entfernen. Selbst nach einer solchen Situation auf Leben und Tod wird also diese Anstandsregel befolgt.

36. *lêhen-gelt:* eigentlich der Lehnszins, aber auch (wie hier) das Lehen selbst.

37. Im Jahr 773 hatte Hildegard, die dritte Gemahlin Karls des Großen, in Kempten ein Benediktinerkloster gestiftet. Die Äbte einer solchen reichsunmittelbaren Abtei waren direkte Lehnsträger der deutschen Krone.

38. Quellenberufung des Dichters (vgl. ferner V. 99, 432, 533, 555 und vor allem 759). Der mittelalterliche Hörer und Leser legt Wert darauf, daß die Wahrheit des Erzählten verbürgt ist – das gilt mehr als die freie Erfindung des Stoffes; d. h., es kommt wesentlich auf die Neugestaltung eines schon bekannten, jedenfalls anderwärts nachprüfbaren Stoffes an: das Wie, nicht das Was, ist maßgeblich für den Rang eines Wortkunstwerks. Von den Anfängen der deutschen Dichtung bis ins Spätmittelalter finden sich Quellenberufungen so konstant, daß

man geneigt ist, hier einen literarischen Topos zu vermuten, der nicht immer den Tatsachen entsprechen muß. So hat Wolfram für seinen ›Parzival‹ die Kyot-Quelle wohl nur fingiert, um sich gegen Verdächtigungen, er habe Lügenmärchen erfunden, abzusichern (aber der Vorwurf, er sei ein *vindære wilder mære,/ der mære wildenære*, ›Tristan‹, V. 4665 f. – ein Erfinder wilder Geschichten, Märenwilddieb – , blieb ihm trotzdem nicht erspart). Während sich anfänglich mehr Berufungen auf mündliche Quellen finden (›Hildebrandslied‹: *Ik gihorta dat seggen*; ›Muspilli‹: *Daz hortih ...*), wird seit dem Hochmittelalter mehr auf schriftliche Quellen verwiesen (›Der arme Heinrich‹, V. 16 f.: *nu beginnet er iu diuten/ ein rede die er geschriben vant*); Gottfried berichtet ausführlich von seiner Suche nach der richtigen Quelle: *sus treip ich manege suoche,/ unz* [bis] *ich an eime buoche/ alle sîne jehe* [Rede] *gelas,/ wie dirre âventiure was* (V. 163-166). Das tut auch Konrad an dieser Stelle mit der an Gottfrieds ›Tristan‹-Prolog erinnernden Versicherung, er schöpfe aus der rechten Quelle. Mit zunehmendem Realismus kann sich dann die Form der Quellenberufung zur Versicherung des eignen Erlebnisses wandeln (›Die Märe vom Helmbrecht‹, V. 7: *hie wil ich sagen waz mir geschach*).

39. *ur-liuge*: das verneinende Präfix ur- ist in diesem Fall beim Übergang vom Ahd. zum Mhd. nicht durch un- ersetzt worden (wie z. B. *ur-triuwi > un-triuwe*). In got. *liuga* (Vertrag) wird die Bedeutung greifbar: ahd. *ur-liugi* bedeutet demnach ‚Zustand ohne Vertrag, Krieg‘ (Gegenwort ist *ur-vêhede*, ‚Urfehde‘, Zustand ohne Fehde, Friede). Durch „Krieg" verdrängt, ist die alte Vokabel nur in hanseatisch Orlogschiff, niederl. *Orloog*(sschiff), Kriegsschiff, erhalten geblieben.

40. Für das ma. Lehnswesen sind persönliches (Vasallität, Verpflichtung zu Dienstleistungen) und dingliches (*beneficium*, Landleihe) Recht charakteristisch. Der Vasall leistet dem Herrn das Homagium (den Treueid, indem er vor ihm niederkniet und seine gefalteten Hände in die des Herrn legt). Der Vasall kann seinerseits wieder Untervasallen haben. Der König steht an der Spitze die-

ser ‚Lehnspyramide‘ und wird seinerseits als Gottes Lehns-
mann aufgefaßt. Das Lehnsverhältnis erlischt durch Her-
renfall (Tod des Herrn), Mannfall (Tod des Vasallen)
oder Felonie (wenn das auf persönliche Treuepflicht ge-
gründete Lehnsrecht von einer Seite verletzt wurde). Auf
letztere Möglichkeit spielen die Verse 421-423 und 486 bis
490 an. Der Kaiser wendet sich an die reichsunmittelbaren
Lehnsträger, diese an ihre Vasallen und letztere an ihre
Untervasallen (vgl. V. 445). Verweigert der Fürst den
Dienst, so folgen ihm auch seine Vasallen; bedeutendstes
Beispiel ist die Weigerung Heinrichs des Löwen, an der
Schlacht bei Legnano (29. Mai 1176) gegen die Lombar-
den teilzunehmen – später wurde er allein von Kaiser
Friedrich I. (Barbarossa) mit Lehnsentzug bestraft, nicht
aber seine Vasallen, die gleichfalls dem Kampf fernge-
blieben waren.

41. *Pülle:* Apulien. Durch den starken Hauptton fällt die
erste Silbe der rom. Bezeichnung aus; das ‚i‘ der Folge-
silbe bewirkt Umlaut in der dt. Namensform (der in Un-
teritalien aufwachsende Friedrich II. hieß in Deutschland
allgemein ‚das Kind von Pülle‘ – vgl. auch Walthers An-
rede, *Von Rôme vogt, von Pülle künec,* 28, 1). – Zufällig
hat sich die Liste eines Ergänzungsaufgebots, wie es hier
ergeht, zur Romfahrt Ottos II. (981) erhalten; dabei
wurden im ganzen 2090 Panzerreiter einberufen, von
denen die Abtei Kempten 30 zu stellen hatte (abgedruckt
bei Karl Uhlirz, Jahrbücher des Deutschen Reiches unter
Otto II. und Otto III., Bd. 1; Leipzig 1902, S. 247-253,
Exkurs VIII).

42. Bis in die Barockzeit hinein wird ‚Deutschland‘ kaum als
festes Kompositum verstanden; vielmehr spricht z. B.
noch Luther von ‚deutschen Landen‘, auch wenn er – wie
hier Konrad – das deutsche Reich meint.

43. *vart:* bezeichnet mhd. die allgemeine Art, sich fortzube-
wegen, und ist erst nhd. auf die Bewegung mit einem
Gefährt eingeengt. Vgl. noch das Volkslied „Innsbruck,
ich muß dich lassen, ich fahr dahin mein Straßen“.

44. Vgl. ›Tristan‹, V. 12 093: *mit triuwen und mit eiden.*

45. *fürste:* substantivierter Superlativ *furist,* der Vorderste,
der Erste.

46. Metapher, die V. 677 umgekehrt wiederaufgenommen wird: statt der *ungenâden büne* soll den Ritter des Kaisers *helfe ... genædeclichen decken*. Ähnlich bildhaft umschreibt Konrad den gleichen Sachverhalt V. 648 f. Im Mhd. bedeutet *büne* (eigentlich: erhöhtes Brettergerüst) auch ,Decke (eines Zimmers)'. Konrad gebraucht das Wort gern bildhaft: *dû bist ... vür trûren mir ein büne* (›Trojanerkrieg‹, V. 18 628 f.); *zehen süne / die vil hôher êren büne / het überdaht* (›Engelhard‹, V. 229-231).

47. *zwêne:* Bis zur Zeit der Aufklärung unterscheidet die dt. Sprache streng zwischen den drei Genera dieses wie ein Adjektiv gebrauchten und flektierten Zahlworts: *zwo hend, zween fues, tzwey augen* (Luther, Matth. 18, 8 f.).

48. *baz:* Komparativ zum Adv. *wol* (gut); das Nhd. kennt nurmehr zwei aus verschiedenen Wortstämmen gebildete Steigerungsreihen (viel – mehr – meist; gut – besser – best); im Mhd. sind diese sog. Suppletivbildungen darüber hinaus noch in den Reihen *übel – wirser – wirsest, michel – mêre – meist* (groß), *lützel – minner – minnest* (klein) erkennbar (vgl. auch lat. *bonus – melior – optimus*).

49. Der Lehnsmann ist seinem Herrn gegenüber also nicht nur zu Kriegsdiensten verpflichtet, sondern er hat ihm auch mit Rat beizustehen. Schon Fulbert, der Bischof von Chartres zu Anfang des 11. Jh.s, nennt *consilium et auxilium* (Hilfe in Rat und Tat) als Pflichten des Vasallen.

50. Der Vers macht besonders treffend deutlich, wie fest der Begriff *êre* mit äußerem Besitzstand, Ansehen, verknüpft ist. Heinrich fürchtet (in seiner Zeit mit vollem Recht) den Verlust seiner *êre*, wenn ihm sein Besitz und damit sein Ansehen genommen wird. Erst der Einfluß der Mystik führt zu einer Verinnerlichung des Ehrbegriffs.

51. Titel des Kaisers des Heiligen Römischen Reichs Deutscher Nation. Das Lehnwort *voget* (aus lat. *[ad-]vocat-us*) verdrängt das ahd. *munt-boro*, dessen erster Bestandteil heute noch in den Worten Vor-mund, Mündel, mündig erhalten ist.

52. Die Hs. W bietet die sinnvoller erscheinende Lesart *Desselben tags*; damit wird die Handlung unmittelbar fortgesetzt, wie es ja die Erwähnung der *verte* in V. 534 nahelegt. Der Herausgeber E. Schröder hat sich dennoch

(und im Blick auf die andern Hss. wohl mit Recht) für die Lectio difficilior entschieden.

53. *zuber:* Gegenwort zu Eimer. Aus lat. *amphora* wurde ahd. *ambar*; volksetymologisch (eine dem Sprecher etymologisch nicht durchschaubare Form wird volkstümlich gedeutet und einem ähnlich lautenden Wort angeglichen) wurde dieses Wort an *ein-beran* (-tragen) angelehnt und von daher auf die Bedeutung ‚einhenkliges Gefäß‘ eingeengt. ‚Eimer‘ ist aus der Form *ein-bar* bzw. *eim-ber* (durch Assimilation und Vereinfachung der Konsonanten) entstanden. Ahd. *zui-bar* wird demnach als ‚zweihenkliges Gefäß‘ verständlich.

54. *teidingen:* Aus *tage-dingen* kontrahierte Form, wie sie im nhd. verteidigen noch unverändert vorliegt. Entstanden aus *tag* (Termin) und *ding* (Verhandlung).

55. Vgl. in Gottfrieds ›Tristan‹, V. 11 582-84: *ir alterseine habet mir / disen kumber allen ûf geleit / mit parât und mit kündekeit.*

56. Hyperbaton: Abweichung von der normalen Wortstellung, um den Namen besonders betonen zu können.

57. *man – mein – mort* tragen die Hauptakzente und alliterieren.

58. Gedankliche Ellipse: Es ziemt dem Ritter allgemein zu helfen – der Sprung aus dem Zuber ist nur die zufällige Form.

59. Konrad schmückt den Vers durch doppelte Alliteration (Präfix und stammanlautender Konsonant stimmen überein); für die reiche Verwendung dieses beliebten Stilmittels vgl. z. B. V. 356, 570, 626, 674, in denen jeweils gleichen Inhalt umschreibende Zwillingsformeln durch gleichen Anlaut verbunden sind.

60. Um eine annähernde Vorstellung des Geldwertes zu geben, sei auf Walther verwiesen, der ein Lehngeld von *drîzec marken* nennt (27, 7); an anderer Stelle (104, 11) behauptet er, sein Pferd sei *wol drîer marke wert.*

61. Konrad nennt die hier abgeschlossene Geschichte ein *mære,* eine kurze (vgl. V. 755), dichterisch gestaltete Erzählung (vgl. Anm. 18). Das gesamte Kunstwerk, zu dem dann auch der außerhalb des eigentlichen Geschehens stehende Epilog gehört, nennt er im Schlußvers *buoch.*

62. Vgl. Edward Schröder, Der Straßburger Gönner Konrads
von Würzburg, ZfdA. 38 (1894), S. 27-29, der in dem
Anreger der Novelle den Straßburger Dompropst (*pre-
positus*) Berthold von Tiersberg erkannt hat; da dieser
bis 1259 *canonicus* genannt wird und erst ab 1261 als
Träger der höchsten Würde des Kapitels bezeugt ist,
scheint das Jahr 1260 der Terminus ante quem non für
die Vollendung des Werks zu sein. Berthold starb 1275;
damit wäre der Terminus post quem non ebenfalls gege-
ben: Während dieser fünfzehn Jahre muß die Novelle
entstanden sein.

63. Die Vorlage der Dichtung, von der Konrad hier spricht,
ist nicht bekannt. – Ganz ähnlich heißt es zu Beginn des
›Trojanerkriegs‹: *von Wirzeburc ich Cuonrât / von wel-
sche in tiutsch getihte / mit rîmen gerne rihte / daz alte
buoch von Troye* (V. 266-269).

64. Wie in seiner ›Silvester‹-Legende (V. 82 f.), in der ›Par-
tonopier‹-Dichtung (V. 182-193) und im ›Trojanerkrieg‹
(V. 245-247) nennt sich Konrad auch hier seinem Auf-
traggeber gegenüber.

Der Welt Lohn

1. Die erste metrische Hebung trifft das Schlüsselwort
wérlte, das in den ersten zwanzig Versen nicht weniger
als viermal erklingt. – Die Anrede selbst erinnert an das
›Carmen de contemptu mundi‹ des Anselm von Canter-
bury: *O dilectores mundi* (Migne, P. L., Bd. 158, Sp. 692).

2. In V. 264 nimmt Konrad, unmittelbar vor dem Ende
der Dichtung, die Wendung *der werlte lôn* wieder auf
und bezeichnet mit dieser Wort-Klammer eindeutig das
Thema der kleinen Erzählung, die ihren Titel zu Recht
trägt. Die Wendung selbst ist eine stehende Redensart,
wie einige Belege aus drei Jahrhunderten zeigen: Hart-
mann von Aue: *Mîn herze hât betwungen / dicke mîne
zungen / daz si des vil gesprochen hât / daz nâch der
werlde lône stât* (›Gregorius‹, V. 1-4); *mir behaget diu
werlt niht sô wol: / ir gemach ist michel arbeit, / ... / ir
süezer lôn ein bitter nôt* (›Der arme Heinrich‹, V. 708

bis 711); Konrad von Fußesbrunnen: *wand ich ie wande
mînen sin | ze der werlde lône | und niht nâch got* (V. 66
bis 68); Wolfram: *ouwê werlt ... wie stêt dîn lôn!* (›Par-
zival‹, 475, 13-17); Walther: *Welt, ich hân dînen lôn
ersehen* (67, 8; vgl. 59, 37); Neidhart: *frouwe, nâch der
werlde lône wil ich langer werben* (Winterlieder, Nr. 21,
V); Der Winsbecke: *nû sich der werlte goukel an | ... |
und waz ir lôn ze jungest sî* (2, 4-6); Heinrich von Frei-
berg: *sich, werlt, diz ist dîn lôn | den dû ze jungest gibest
in, | die dir zu dienest iren sin, | lîp und herze neigen*
(›Tristan‹, V. 6620-24); Reinmar von Zweter: *dîn lôn
sûr, bitter unde scharf | ich vunden hân, werlt, an dem
ende leider* (HMS [von der Hagen, Minnesinger; Leipzig
1838] II, S. 213, Nr. 197); Der Hardegger: *Vrou Werlt
... | ... | Ir vueret mangen ümbe, unz im der rükke stêt
gebogen | ... | Ist daz ein sæleklîcher lôn, | sô kan ich
guoter dinge niht erkennen* (HMS II, S. 135 f., Nr. 8); Jo-
hans von Kinkenberk: *O wê dir, wandelbære Welt, | daz
wir dir dienen, unt sô reht bæs ist dîn gelt, | unde dîn val-
scher, arger lôn ze jungest ouch sô bitter ende hât* (HMS I,
S. 340, Nr. 8); Friedrich von Sunnenburg: *vrou Welt, ir
gebet ze lône an dem ende jâmerlîchez leit* (HMS III,
S. 72, Nr. 21); Heinrich von Meißen (Frauenlob): *Werlde
... hât sô villeclîchen lôn | an manegen enden mir ge-
geben* (›Minne unde Werlt‹, Nr. 425, 1-3); Ottokar von
Steiermark: *der kunic mit flîze warp, | daz er wurd be-
statet schôn: | daz ist aller der lôn, | den diu werlt gît*
(›Österreichische Reimchronik‹, V. 91 188-91); *Diz bûch
ich hie geschriben hân, | daz ich nit ger der welt lôn*
(›Der maget krône‹, Legende eines unbekannten Dich-
ters; ed. Ignaz v. Zingerle WSB 47, S. 545, VII 33);
Heinrich der Teichner nennt eines seiner Gedichte *Der
werlt lon* (ed. Heinrich Niewöhner, Nr. 17); Hugo von
Montfort: *Fro Welt, ir sint gar hüpsch und schön | und
üwer lôn für nichte* (XXIX); die Paraphrase der Novelle
Konrads, die eine Zürcher Hs. vom Ende des 14. Jh.s
überliefert, beginnt mit den Worten: *Es ist enkein mensch,
das so hertes herzen si, gedehte es dik an den lon, den
diu welt git an dem ende* (vgl. hier S. 105); der Haupt-
eingang der ehemaligen Stiftskirche zu Millstatt trägt die

Inschrift: *mensch halt dich zu got | der welt lon ist nur
ain spot | a. c. 1464.*

3. Der Vers erinnert an den Prolog zu Hartmanns Dich-
tung ›Der arme Heinrich‹. Dort heißt es (ebenfalls V. 6!):
*er nam im manige schouwe (... ob er iht des vunde ...
daz gotes êren töhte).* Wirnt strebt dagegen nach welt-
lichen *êren.* Wie in Hartmanns Dichtung entwirft auch
Konrad im folgenden das Bild eines schlechthin voll-
kommenen Ritters. Doch läßt die Häufung der Vorzüge
das hinter den Versen stehende ‚aber‘ immer fühlbarer
werden: keiner der beiden Helden bezieht seine Vor-
züge auf Gott; dazu muß sie erst der gleichsam novelli-
stische ‚Wendepunkt‘ mit seiner Erschütterung bringen. –
Die Übereinstimmungen zwischen beiden Werken haben
Albert Geiger zu einer wenig gelungenen Dichtung ver-
anlaßt. In seiner 1906 veröffentlichten ›Legende von
der Frau Welt‹ kontaminiert er die beiden alten Kunst-
werke.

4. Diese Wendung dürfte einem zeitgenössischen Hörer als
Anspielung auf die erste Zeile der berühmten Alters-
elegie Walthers (124,1) unüberhörbar gewesen sein: *Owê
war sint verswunden alliu mîniu jâr!* Damit ist das Thema
des Abschieds von der Welt bereits feinsinnig angedeutet
(vgl. auch V. 49 und 129). Auch zu Neidharts Winterlied
Nr. 28, I zeigt sich eine Parallele: *ich hân mîniu jâr | ir
gedienet âne mâze | ... | dâ vinde ich liebes lônes niht als
grôz als umbe ein hâr.*

5. *hübisch* (vgl. V. 128): höfisch; Lehnübersetzung zu afrz.
courtois, mfrk. *hövesch* (in Anlehnung an ‚Hof‘) oder
hüvesch (vokalharmonisch durch das ursprünglich fol-
gende ‚i‘ < *hövisch*) – in Süddtl. zu *hübisch* umgeformt,
dazu mit Bedeutungsverallgemeinerung nhd. ‚hübsch‘.

6. *birsen:* Lehnwort, afrz. *berser*; die höfische Art zu jagen;
nhd. pirschen.

7. *beizen:* Kausativ zum st. V. *bîzzan* (beißen), also: be-
wirken, daß jemand beißt (nämlich der Falke das Wild).
– Die Bedeutung wurde dann metaphorisch übertragen:
Holz beizen.

8. *jagen:* der Oberbegriff zu allen Arten des Jagens.

9. *schâch-zabel:* Kompositum aus der Bezeichnung des Spiels

(nach der Hauptfigur, pers. *šāh*, König) und des Spielbretts (lat. *tabula*, vor der hochdt. Lautverschiebung entlehnt, daher t > z; vgl. dagegen die nochmalige Entlehnung des gleichen Worts in ahd. Zeit: rom. *tavola* > Tafel).

10. *gerne:* im Unterschied zum nhd. Adv. ‚gern‘ wird im Mhd. die Verwandtschaft mit be-gehren, Gier, noch empfunden.

11. Minne bedeutet ursprünglich Erinnerung, Gedenken, wie die Verwandtschaft mit lat. *mens* zeigt. Diese Bedeutung hat sich in der Brauchbezeichnung erhalten: St.-Johannis- (Gertrudis- oder Walpurgis-)Minne (d. h. Erinnerung!) trinken. Das Wort wird dann auf die Bezeichnung der höfisch stilisierten Liebesbeziehung eingeschränkt, gerät aber (wie fast alle Wörter dieses Bedeutungsfelds) in den pejorativen Strudel (vgl. Hure, Dirne) und wird ab 1500 als unanständig gemieden. Konrad unterscheidet hier die Hohe Minne, die dem höfischen Ideal entspricht und die Zuwendung zu einer in jeder Hinsicht höher gestellten Dame bezeichnet, von der sog. Niederen Minne, der Zuneigung zu sozial und bildungsmäßig tiefer gestellten Mädchen, die vor allem Neidhart, zeitweise auch Walther besungen haben.

12. Vgl. Anm. 25 zu ›Heinrich von Kempten‹.

13. Quellenberufung; vgl. Anm. 38 zu ›Heinrich von Kempten‹.

14. Der Name ist aus dem Part. Präs. *wisant* (mit Grammatischem Wechsel zwischen s und r) entstanden, bedeutet also ‚der Weisende, Leitende, Führende‘. Das Ortsadverb *dâ* erweist, daß *Grâvenberc* noch als Ortsbezeichnung und nicht bereits als fester Bestandteil des Namens zu verstehen ist. Grafenberg liegt zwischen Nürnberg und Bayreuth. Für sein Exemplum wählt Konrad den Dichter des Artusromans ›Wigalois‹, der sein Werk vor 1230 abgeschlossen hatte. Im Prolog zum ›Wigalois‹ heißt es (wobei die Übernahme des Reims *berc : werc* durch Konrad besonders auffällt): *wan ditz ist sîn êrstez werc. | er heizet Wirnt von Grâvenberc. | der werlte ze minnen | enblient erz sînen sinnen: | ir gruoz wil er gewinnen* (V. 140-144). Am Ende aber heißt es: *owê der jæmerlîchen geschiht |*

daz diu werlt niht vreuden hât. | ir hœhstez leben mit
grimme stât | ... | ich bin wol innen worden | daz der
werlte vreude sinket | und ir êre hinket (V. 11 676-82).
Vielleicht hat diese resignierende Erkenntnis nach dem
hochgestimmten Prolog die Gestalt des ›Wigalois‹-Dich-
ters zum Exemplum prädestiniert. Diese Vermutung wird
wahrscheinlicher, wenn man Wirnts eigenwillige Wid-
mung *der werlte ze minnen* etwa der Hartmannschen
Dedikation des ›Gregorius‹ gegenüberstellt: *gote und iu*
ze minnen (V. 3991). – Über Wirnts Leben weiß man
kaum etwas; Rudolf von Ems nennt ihn zweimal (›Alex-
ander‹, V. 3192; ›Willehalm‹, V. 2201); in der ›Krone‹
wird sein Name genannt (V. 2942), und Püterich rühmt
sich in seinem ›Ehrenbrief‹, den ›Wigalois‹ zu besitzen
(Strophe 103).

15. Pars pro toto, vgl. Anm. 22 zu ›Heinrich von Kempten‹.
16. *kemenâte:* aus dem mlat. *(camera) caminata* (Raum mit
    Feuerstätte) entlehnt: heizbare Stube (daher in der Burg
    gewöhnlich die Bezeichnung des Frauengemachs).
17. Frühes Beispiel für stille (belletristische) Lektüre im Mit-
    telalter.
18. *vesperzît:* der späte Nachmittag. Die Vesper ist die vor-
    letzte der sieben kanonischen Stunden *(horae canonicae),*
    der kirchlichen Tageseinteilung für Mönche und Welt-
    klerus. Im Abstand von etwa jeweils drei Stunden fol-
    gen einander ab 3 Uhr morgens: Matutin, Prima, Tertia,
    Sexta, Nona, Vespera und Completorium (nach Sonnen-
    untergang).
19. Vgl. Anm. 23.
20. Nachdem Konrad in der Beteuerungsformel (V. 72) – ge-
    wiß nicht zufällig – auf seinen Christenglauben hinge-
    wiesen hat, kann er nun die *gotinne* der Heiden nennen.
    Im ›Trojanerkrieg‹ (V. 1038-45) charakterisiert Konrad
    Pallas Athene der antiken Überlieferung entsprechend;
    vielleicht denkt er hier an ihren Wettstreit mit Juno und
    Venus vor Paris – für eine Liebesgöttin wird er sie wohl
    nicht gehalten haben.
21. *dur-liuht-ec:* Ableitung zum sw. V. *liuhten;* die nhd. er-
    starrt den sog. Rückumlaut festhaltende Form ‚Durch-
    laucht‘ (vgl. erlaucht) ist aus dem Part. Prät. *(dur-liuhtet)*

hervorgegangen und hat als Lehnübersetzung zu lat. *perillustris* seit dem 16. Jh. in das Titel- und Anredewesen Eingang gefunden.

22. *palast:* Die erste Übernahme der lat. Bezeichnung der auf dem mons Palatinus gelegenen Kaiserresidenz *(palatium)* fand vor der hochdt. Lautverschiebung statt und ergab unter Verfall der schwach betonten Endsilben nhd. ‚Pfalz‘. Nach der ahd. Zeit ergab eine neuerliche Entlehnung aus afrz. *palais : palas*; das auslautende ‚t‘ fügt sich zur Ausspracheerleichterung als sog. Zungenlöselaut an (vgl. *bâbes* > Papst; *obez* > Obst). Im Mhd. wird die erste Silbe des Worts betont; erst im gelehrten Rückgriff auf die romanischen Betonungsgesetze setzt sich nhd. die Betonung auf der Zweitsilbe durch (vgl. *áltar* > *Altár*).

23. *wunsch:* eigentlich die Vollkommenheit, das Ideal (vgl. V. 65); personifiziert: der Verleiher aller Vollkommenheit, Gott.

24. Vgl. V. 115; was mehr, höher gilt, das Höchste. Im gleichen Sinn braucht Konrad das Wort in ›Partonopier und Meliur‹: *ir sît ein übergulde / der besten wîbe* (V. 1622 f.). Bekannt ist das Wort aus Walthers Reichsspruch 8, 4, in dem der Dichter ‚*gotes hulde*‘ gegenüber *êre* und *guot* als ‚*übergulde*‘ heraushebt.

25. *cluoc:* wie heute noch im Schweizerdeutschen war eine Bedeutung dieses Adjektivs in der mhd. Zeit ‚edel, tüchtig, stattlich‘; die zweite Bedeutung, die sich im Nhd. allein durchgesetzt hat, war zunächst auf das östliche Mitteldeutsch beschränkt.

26. Noch ohne pejorativen Nebensinn ist dies der „übliche Ausdruck beim Auftreten einer anmutigen Dame“ (E. Schröder); *geslichen* findet sich statt *gegangen* auch für V. 63 in vier von neun überlieferten Handschriften.

27. *gote willekomen* und *got lône dir* (V. 117) sind korrespondierende Grußformeln, vergleichbar dem nhd. „Grüß Gott“ oder „Behüt Gott“.

28. *dienest:* bei dieser Vokabel ist in höfischer Zeit immer an den stilisierten Frauendienst des Minnewesens zu denken, der Formen und Wendungen aus dem Lehnswesen übernommen hat (wie z. B. die Bezeichnung *dienestman*, V. 134, oder den Gestus der Kniebeuge, V. 208).

29. Der *hôhe muot* ist gegenüber dem nhd. Hochmut durchaus noch im Sinn von hochgemut, hochgestimmt, zu verstehen. Die gehobene Lebensstimmung galt als Kennzeichen des höfisch lebenden Menschen.

30. Die beabsichtigte Häufung der Doppelformen fällt auf:
V. 128, 130, 132, 135, 142, 148, 149, 150 und 153. Zugleich klingt das Thema des rätselhaften Minnedienstes
von Jugend an in immer neuen Variationen auf: V. 121,
129, 134, 135, 140 und 143. Die Leitworte ‚Dienst‘ und
‚Lohn‘ ziehen sich wie ein roter Faden durch das kunstvolle Gewebe dieser Ansprache: V. 117, 120, 121, 134,
150, 152, 155 und 156. Die Verse 134, 136, 138 und 140
sind durch Anapher besonders hervorgehoben; in genau
vierzig Versen umschreibt die verlockende Dame den
Ritter mit preisenden Anreden und gebraucht dabei nicht
weniger als neunzehnmal das vertrauliche Pronomen der
2. Pers. Sg. Der Dichter hat alles getan, diesen Passus
durch reiche Kunstmittel und bewußte Häufungen ohrenfällig zu machen. – Während die Entlarvung der Erscheinung bei Konrad zugunsten der Spannung erst am Ende
der Novelle erfolgt, hat Walther in seinem Dialoggedicht
Vrô Welt (100, 24) die Erkenntnis schon vorausgesetzt.
In der verführerischen Rede seiner Frau Welt spielt das
Thema der Ehre (vgl. hier V. 141) ebenfalls eine große
Rolle: *gedenke waz ich dir êren bôt*. Das nicht eben häufig
belegte sw. V. *betrâgen*, das Konrad im Wortspiel mit
tragen verknüpft, legen beide Dichter der Welt als Reimwort in den Mund (vgl. hier V. 126); desgleichen finden
sich die Reimworte *muot* sowie *her – ger* in beiden Dichtungen (hier V. 127, 145 und 146).

31. Vgl. Anm. 54 zu ›Heinrich von Kempten‹.

32. *jehen*: reden, ahd. *bi-jehen*, bekennen; dazu das Subst.
bi-jiht, kontrahiert zu ‚Beichte‘ – das einzige Wort im
Nhd., in dem das alte Verb fortlebt.

33. *arebeit*: Mühe, Plage, Not; das Wort gewinnt erst seit
der Aufwertung der Berufsarbeit durch Luther (vorbereitet durch die Mystik) seine moderne Bedeutung.

34. Vgl. Neidharts Winterlied Nr. 28, V: *daz si* (die Frau
Welt) *niemen âne got reine kan gemachen*.

35. Konrad, als Süddeutscher, gebraucht hier noch die unum-

gelautete Form (vgl. jedoch ›Heinrich von Kempten‹,
V. 649); die umgelautete Form ‚Rücken‘ setzt sich
vom Norden her durch, hat aber z. B. das Kompositum Ruck-
sack nicht mehr beeinflussen können (vgl. auch das Ne-
beneinander von drücken : drucken und Osnabrück : Inns-
bruck).

36. *blœde:* über die Wendung blödsinnig (von schwachem
Verstand) schränkt sich die Bedeutung nhd. fast aus-
schließlich auf geistiges Vermögen ein; bis ins 18. Jh. ist
die umfassendere Bedeutung ‚schwächlich‘ aber noch be-
wußt.

37. Wenn ein Ritter ‚das Kreuz nimmt‘, gibt er bildhaft zu
erkennen, daß er zum Kreuzzug ins Heilige Land ent-
schlossen ist. Gewöhnlich handelt es sich um ein auf die
rechte Schulter aufgenähtes rotes Kreuz (Anregung gab
Luk. 14, 27). Ausführlicher beschreibt Wolfram im ›Wil-
lehalm‹ solche Kreuznahme (406, 17-20; 407, 5 f.).

38. *Daz wilde mer* (vgl. ›Herzmære‹, V. 98, 150) oder *der
wilde walt* (vgl. etwa ›Trojanerkrieg‹, V. 31 626) sind
feste Fügungen und bezeichnen unwirtliche, gefahr-
volle Gegenden überhaupt. Unter diesem Aspekt er-
scheint die in V. 260 berufene *‚wilde werlt‘* als bedroh-
lich schlechthin (die gleiche Wendung bei Reinmar von
Zweter, 115).

39. Im Adj. *endehaft* soll neben der Beteuerung der Wahr-
heit wohl auch anklingen, daß *diz . . . mære* mit der mora-
lischen Nutzanwendung nun zu seinem Ende kommt.

40. Von den letzten achtzehn Versen beginnen zwölf mit ‚d‘:
Zeichen für die Bemühung des Dichters, die Gnome be-
sonders hervorzuheben. Vornehmlich die Schlußverse mit
der zweifach gesetzten Höreranrede sind durch die pro-
noncierte Gegenüberstellung von *werlt* und *sêle* ausge-
zeichnet. Nachdem sich seit V. 63 bis auf die effektvoll
betonte Selbstnennung der Frau Welt (V. 212: *diu Wérlt
bin geheízen ích*) keine beschwerte Hebung findet, bieten
die metrisch genau parallel gebauten Schlußverse zwei
um so auffälligere beschwerte Hebungen, die den Gegen-
satz von Leib und Seele, Welt und Paradies, Diesseits
und Jenseits (der auch bereits im Schlußverspaar des
drittletzten Abschnitts anklingt und auf den es Konrad

entscheidend ankommt) schließlich besonders ohrenfällig vernehmbar machen: *daz ír die wérlt làzet várn | welt ir die sêlè bewárn.* Im ganzen erinnert die Schlußpassage an eine im ›Wigalois‹ eingefügte Reflexion: *sus endet sich der werlte leben; | vreude, guot und êre | des wirt in niht mêre | dan mir des keisers krône; | wan swer nâch gotes lône | in dirre werlt gedienet hât, | swen ez im an die zît gât | daz er niht lenger leben sol, | der vert sæliclîche wol* (V. 7663-71).

Das Herzmaere

1. Vgl. Anm. 6 zu ›Heinrich von Kempten‹.
2. Den gleichen Gedanken hatte Gottfried im ›Tristan‹-Prolog formuliert: *ôwe ... daz ich sô lützel vinde der, | die lûterlîche herzeger | durch vriunt ze herzen wellen tragen* (V. 193-197).
3. *Diu frouwe* bezeichnet im Gegensatz zu *wîp* die Dame von Stand, die adelige Herrin. Konrad wendet sich mit seiner Beispielerzählung also ausschließlich dem Adelsstand zu – wie V. 29 zeigt: eine Erzählung aus der Welt des Adels für den Adel. Das erweisen parallele Stellen in Konrads ›Silvester‹-Legende, im ›Engelhard‹ und im ›Trojanerkrieg‹, wo stets die *liute* angeredet werden (vgl. die Belege zur Anm. 7).
4. Eine der überlieferten Handschriften bietet als V. 9 *Von Wierzeburch meister Conrat*; diese Lesart ist jedoch sehr unwahrscheinlich: 1. Konrad nennt sich in seinen epischen Dichtungen nie selbst *meister* (außer in dem ihm fälschlich zugeschriebenen Schwank ›Die halbe Birne‹, V. 512). 2. Eine doppelte Selbstnennung (vgl. V. 581) in dieser relativ kurzen Dichtung ist nicht anzunehmen. – Gottfried von Straßburg, der im ersten Jahrzehnt des 13. Jh.s den ›Tristan‹ dichtete, wird von Konrad als Gewährsmann vorgestellt. Zahlreiche Anspielungen und Übereinstimmungen lassen gerade ›Das Herzmære‹ als eines der bezeichnendsten Zeugnisse für Konrads Gottfried-Nachfolge (zu der er sich in seiner späteren Dichtung ›Die goldene Schmiede‹, V. 94-99, nochmals aus-

drücklich bekennt) erscheinen. Hier bezieht sich Konrad
auf die Verse 172-186 des ›Tristan‹-Prologs, die auch auf
die Vorrede seiner ›Silvester‹-Legende gewirkt haben:
*swâ man ir reinen marter | und ir tugend hœret sagen, |
dâ muoz ein edel herze tragen | vil starke bezzerunge von*
(V. 22-25).

5. Alte, alliterierende Zwillingsformel, die auf die münd-
liche Wiedergabe der Dichtung Bezug nimmt; vgl. aber
die modernere Verhältnisse berücksichtigende Formulie-
rung in V. 21!

6. Vgl. Anm. 61 zu ›Heinrich von Kempten‹.

7. Der kunstvoll aufgebaute Prolog gibt Thema und Zweck
der Dichtung an. Zweimal sieben Verse (1-7, 22-28) rah-
men vierzehn Verse; das Zentralwort *minne* erscheint
sechsmal, je einmal in den beiden umrahmenden Partien,
viermal im Mittelteil des Prologs. In den Rahmenversen
finden sich jeweils die Worte *mære* (V. 6, 23 – genau ach-
sensymmetrisch) und *bilde* (V. 4, 26) und stellen, die Vor-
rede umklammernd, den vorbildhaft-exemplarischen Cha-
rakter der folgenden Erzählung heraus. – Die gleiche
Intention spricht der Prolog zum ›Trojanerkrieg‹ aus:
*daz er den liuten künne geben | ein bilde ûf tugentrîchez
leben* (V. 263 f.); vgl. ›Silvester‹: *von guoter liute bilde |
den liuten wehset allez guot* (V. 28 f.); vgl. ›Engelhard‹:
*mit herzen und mit munde | wil ich von hôhen triuwen |
ein wârez mære erniuwen | ellîche hie ze diute | darumbe
daz die liute | ein sælic bilde kiesen dran* (V. 152-157;
vgl. V. 6498); vgl. ›Partonopier und Meliur‹: *gesprochen
und gesungen | die meister hânt sô rehte wol, | daz man
guot bilde nemen sol | an ir getihte schœne* (V. 38-41).

8. An Gottfried gemahnendes Wortspiel, der seinerseits die
Untrennbarkeit von *liebe* und *leit* ohrenfällig machte
(vgl. vor allem ›Tristan‹, V. 201-207) und ein ähnliches
Reimspiel über den Worten *herze* und *smerze* kompo-
nierte: *der süeze herzesmerze, | der vil manic edele herze |
quelt mit süezem smerzen, | der liget in mînem herzen*
(V. 1073-76).

9. *andâht*: Abstraktbildung zum Verb *denken, dâhte, ge-
dâht*; hier noch im älteren Sinn wie niederl. *aandacht*
(Aufmerksamkeit, mit der man sein Denken an ein Ziel

lenkt); seit dem Hochmittelalter fast ausschließlich auf
den geistlichen Sinn eingeschränkt, auf den Konrad viel-
leicht ebenfalls anspielen will.

10. Unsagbarkeitstopos, der sich z. B. auch im Volksmärchen
findet (Grimm, Kinder- und Hausmärchen 6, ›Der treue
Johannes‹); vgl. ferner V. 220 f.

11. Kunstvolle Verknüpfung mit dem Vers 52 durch sog.
grammatischen Reim (Wiederkehr desselben Worts in
anderer Flexionsform).

12. Es handelt sich um die klassische Minnesituation: Die
Minne wird einer verheirateten Dame von Stand darge-
bracht.

13. *Diu huote* (vgl. V. 81 und 91) ist ein Akzidens des Min-
newesens, auf das in der zeitgenössischen Lyrik häufig
angespielt wird (vgl. etwa Friedrich von Hûsen, MF
[Des Minnesangs Frühling] 50, 19). Besonders ausführ-
lich wird das Problem in Ottes um 1210 entstandener
Dichtung ›Eraclius‹ und in Gottfrieds ›Tristan‹, V.
17 833-924, abgehandelt. – Der Ehemann versucht, durch
besondere Bewachung ein Minneverhältnis seiner Frau
zu verhindern.

14. Wie in V. 36, 88 u. ö. eine Vorausdeutung auf das trau-
rige Ende der Geschichte. Der mittelalterliche Dichter
kann zugunsten der Wie-Spannung durchaus auf die
Was-Spannung verzichten; ohne dem Genuß seines Pu-
blikums dadurch zu schaden, kann er den Ausgang an-
deutungsweise (oder auch bestimmt, wie am bekanntesten
im ›Nibelungenlied‹) vorwegnehmen – um so sicherer ist
er der Aufmerksamkeit für die Feinheit der Durchfüh-
rung. Vgl. Anm. 38 zu ›Heinrich von Kempten‹.

15. Das Bild des festen Stricks kontrastiert mit dem gegen
Ende der Novelle berufenen *minne bant*, das zur Zeit
des Dichters schwach wie *bast* geworden sei (V. 538-547).
Die Metapher selbst ist Allgemeingut (vgl. etwa ›Parzi-
val‹ 288, 30: *vrou Minne in stricte an ir bant* und Gott-
frieds Wortspiel im ›Tristan‹: *Minne diu strickærinne /
diu stricte zwei herze an in zwein / mit dem stricke ir
süeze in ein*, V. 12 176-78).

16. Vgl. ›Der Welt Lohn‹, V. 251.

17. Das dreifache *gar* (V. 101, 107, 110) unterstreicht die

feste Absicht des Ehemanns, das Minneverhältnis ‚ganz und gar‘ zu unterbinden.

18. Mit Vers 113 beginnt die eigentliche Handlung, deren allgemeine (V. 1-28) und besondere (V. 29-112) Voraussetzungen bisher geschildert wurden. Der nach dem Ausweis der metrischen Brechung (vgl. Nachwort, S. 48 f.) mit V. 477 beginnende, somit ebenfalls 112 Verse umfassende Schlußabschnitt entspricht umfangmäßig also genau der Einleitung.

19. Hier klingt zum erstenmal das Motiv der Pilgerfahrt ins Heilige Land an: bezeichnend, daß sie nur als Mittel zum Zweck geplant ist – nicht aber, um Gott zu dienen.

20. Der Ritter ahnt seinen Liebestod genau voraus.

21. Vgl. ›Trojanerkrieg‹: *daz ich hie belîben wil | und ich die vart beginne sparn* (V. 22 332 f.).

22. Christus wird ohne weiteres als Helfer der Minnenden in Anspruch genommen (vgl. V. 121).

23. Mit diesem Vers hebt die Klage der Dame an: Sie – selbst Beispiel eines ‚edelen herzen‘ (vgl. V. 327 und 588) – wendet sich an den ‚edelen got‘, in dem sie den Schützer ihrer Minne sieht (vgl. Gottfrieds ›Tristan‹: *got ... der edeler herzen nie vergaz*, V. 1710 f.). In dem bestrikkenden Wechsel von *dû – ich, dîn – mîn, mir – dir* usw. (in den achtzehn Versen ihrer Klage klingen die Pronomen der 1. und 2. Pers. Sg. nicht weniger als einundzwanzigmal auf) deutet sich noch einmal an, wie unauflöslich beide durch die Minne ‚zesamene gebunden‘ (V. 541) sind. – Für Einzelheiten war die berühmte Abschiedsszene in Gottfrieds Dichtung vorbildlich (V. 18 266-360); vgl. z. B. *enpfâch von mir diz vingerlîn* (V. 181) – *und nemet hie diz vingerlîn* (›Tristan‹, V. 18 307) und die Worte der Dame *dâ bî soltû der swære mîn | gedenken* (V. 182 f.) mit der Bitte Isoldes: *gedenket maneger swæren zît* (›Tristan‹, V. 18 318); vgl. auch hier Anm. 28 und 30.

24. Was die Dame hier ankündigt, widerfährt dem Ritter, dem nach Antritt seiner Fahrt *der jâmer ... dranc unz an der sêle grunt* (V. 256 f.).

25. Der Ritter redet die Dame mit *ir* an (im Gegensatz zum Ehemann, der sie mit *dû* ansprechen darf, vgl. V. 428);

sie sagt *dû* zu ihm. – Über die Art, wie man im Bewußt-
sein des eignen Werts auf die peinlich genaue Form der
Anrede achtete, äußert sich (um 1300) der Dichter des
›Seifried Helbling‹ satirisch: *ez sint her bî mînen tagen |
ze tôde mêr dann drî erslagen, | die ir genôze hiezen dû*
(VIII 435-437). – Diese Unterscheidung zwischen Anrede
in der 2. Pers. Sg. und der 2. Pers. Pl. gehört schon früh
zur Standessitte. Die Anrede in der 3. Pers. (das frideri-
zianische ‚Er‘ und unser ‚Sie‘, das allein der dt. Sprache
kennt) wird erst in nhd. Zeit zur Mode; sie bezeichnet
den Abstand, den man vor dem Angeredeten empfin-
det – man kann mit dieser Anrede jedoch auch Abstand
fühlen lassen (vgl. Schoppes Stoßseufzer in Jean Pauls
Roman ›Titan‹: „Ich danke Gott, daß ich in einer Spra-
che lebe, wo ich zuweilen Sie sagen kann“).

26. Vgl. Anm. 35 zu ›Heinrich von Kempten‹: die höfische
Stilisierung beherrscht selbst die bewegende Abschieds-
szene.

27. Hier fällt zum erstenmal das Wort, das Gottfried in
einem meisterhaften Wortspiel seiner ›Tristan‹-Geschichte
vorangestellt hat, die er schließlich *senemære* nennt. – Vgl.
hier V. 254, 260, 293, 471, 502, 521.

28. Auch diese Verse (215-217) erinnern an eine Passage in
der Abschiedsszene des ›Tristan‹: *beleip mit manegem
leide: | die spilgesellen beide | dien geschieden sich ê males
nie | mit solher marter alse hie* (V. 18 363-66).

29. Vgl. V. 49.

30. Pars pro toto, vgl. Anm. 22 zu ›Heinrich von Kemp-
ten‹. – Der Vers dürfte in unmittelbarer Anlehnung an
Gottfrieds ›Tristan‹ formuliert sein: Nach seinem Ab-
schied von Isolde eilt Tristan zum Strand, und *daz erste
schif, daz er dâ vant* (V. 18 409), bringt ihn übers Meer
(vgl. ferner ›Tristan‹, V. 18 470 f.: *des tages dô si Tri-
stande | und sînem kiele nâch sach*).

31. Vgl. Anm. 6 zu ›Heinrich von Kempten‹.

32. Kunstvoll flicht der Dichter die Gegensatzpaare ‚*bitter –
süez*‘ (V. 241, 247), ‚*alt – niuwe*‘ (V. 246), ‚*grüener zwî –
dürrer ast*‘ (V. 251, 253) in die Beschreibung des Minne-
leidens. – Schon im ›Hohen Lied‹ (vgl. 1, 15; 2, 14; 5, 2.
12) bezeichnet die Taube Liebende; Jes. 38, 14; 59, 11 und

Nah. 2, 8 lassen erkennen, daß der menschliche Klage-
seufzer mit dem Gurren der Taube verglichen wird. Das
hochpoetische Bild der auf dem dürren Ast trauernden
Turteltaube findet sich auch in Wolframs ›Parzival‹: *ir
vreude vant den dürren zwîc, | als noch diu turteltûbe
tuot. | diu hete ie den selben muot: | swenne ir an trût-
schefte gebrast, | ir triuwe kôs den dürren ast* (57, 10-14).
Der ›Ackermann aus Böhmen‹ nennt seine verstorbene
Gattin *mein auserwelte turteltauben* (3, 7 f.) und sieht
sich auf dem entlaubten Zweig der Trauer: *Auf durrem
aste, betrubet, swarz vnd zersorend beleib vnd heul on
vnderlaß!* (3, 16 f.) ›Des Knaben Wunderhorn‹ bewahrt
das Bild im Volkslied „Abschied für immer" (Bd. II,
S. 31): „Dorten sind zwey Turteltäubchen, | Sitzen auf
dem dürren Ast, | Wo sich zwey Verliebte scheiden, | Da
verwelket Laub und Gras" (ähnlich im Kinderlied „Rothe
Äuglein" – Wunderhorn, Kinderlieder 94). Shakespeare
verwendet es im Finale des ›Wintermärchen‹: „Ich alte
Turteltaube / Schwing mich auf einen dürren Ast und
weine / Um meinen Gatten, der nie wiederkommt".

33. Die kirchliche Terminologie nahm die ursprünglich griech.
Bezeichnung des (Blut-)Zeugen für eine Heiligenklasse in
Anspruch. Die Übertragung des Terminus auf den durch
die Minne Leidenden stimmt zu anderen Analogien zwi-
schen Minne und Religion in dieser Erzählung (vgl. Anm.
36) und ist vor allem durch Gottfried von Straßburg
vorgebildet (vgl. etwa ›Tristan‹, V. 17 085).

34. *siech* bedeutet ‚krank' (vgl. die nhd. Komposita Gelb-
sucht, Schwind-sucht u. ä.), während das Wort ‚Seuche'
(bzw. ‚siech') heute nur noch eine ansteckende (oder
schleichende) Krankheit bezeichnet: Bedeutungsveren-
gung.

35. *cneht:* mhd. noch in weiterem Sinn als heute gebraucht
(vgl. Edelknecht < *edeler kneht*, ritterbürtiger Knappe;
vgl. engl. *knight*). V. 376 wird dieser *cneht* denn auch
cnappe genannt.

36. Dieser Begriff (vgl. auch die prononcierte Schlußzeile)
spielt in Gottfrieds von Straßburg Dichtung eine ent-
scheidende Rolle; allein im ›Tristan‹-Prolog finden sich
fünf Belege. Die deutsche Bezeichnung ist der *anima*

nobilis der frühen Mystik säkularisierend nachgebildet. In Konrads gesamtem Werk finden sich sechzig Berufungen auf die Welt der ‚*edelen herzen*‘, die besonders hier im ›Herzmære‹ ganz im Gottfriedschen Sinn erscheint: *edele herzen* sind Menschen, „die Lust und Leid, ja Leben und Tod als eine höhere Einheit zu erleben vermögen aus dem überwältigenden Grunderlebnis einer lebensbestimmenden Minne" (H. de Boor).

37. Die Verzweiflungsgeste der sterbenden Geliebten (V. 517 bis 519) nach der Enthüllung dieses Liebestods deutet sich hier als Motivreim bereits an.

38. Die einzige Quellenberufung in dieser Novelle; vgl. Anm. 38 zu ›Heinrich von Kempten‹.

39. Vgl. ›Der Welt Lohn‹, V. 26.

40. Vgl. ›Der Welt Lohn‹, V. 95.

41. Vgl. Anm. 43 zu ›Heinrich von Kempten‹.

42. Im Wort Klein-od ist die alte Bedeutung des Adjektivs (zierlich, fein) noch erkennbar; der zweite Bestandteil ist eine Ableitung zu ahd. *ōdi* und wird als *ōd* (Besitz) verstanden.

43. *gaz:* synkopierte Form *(ge-az)*; da das Mhd. keine eignen Formen für das Plusquamperfekt entwickelt hat, finden sich statt dessen mit *ge-* präfigierte Formen des Präteritums, die Vorzeitigkeit bezeichnen.

44. Durch die metaphorische Verwendung der Adjektive in V. 464 f., die durch die Bedeutungsambivalenz des Worts *wild* begünstigt ist, gelingt es, die Spannung vor der schonungslosen Enthüllung auf dem Höhepunkt zu halten.

45. Vgl. Anm. 18.

46. Vgl. ›Heinrich von Kempten‹, V. 325.

47. Mit ganz ähnlicher Formulierung läßt Konrad (im ›Engelhard‹) Dietrich einen Selbstmord erwägen: *ouwê daz mich diu sunne sol | beliuhten und des tages glanz* (V. 5406 f.).

48. Das erzählte *mære* erweist sich auf dem Hintergrund dieser Zeitklage als *laudatio temporis acti.*

49. In der Klage über das Absinken der Minne zu *tugentlôser diete* und den *liuten* scheint nochmals der Standesgedanke anzuklingen, der mit der eingrenzenden Anrede in Vers 5 bereits angedeutet war.

50. Wie die Selbstnennung des Dichters genau spiegelbild-
lich zur Nennung des großen Vorbilds (V. 8 f., bzw. neun-
ter und achter Vers vor Schluß der Dichtung) erfolgt,
kommt im zweiten und vorletzten Vers das Anliegen des
Dichters, die *renovatio* der ‚*lûterlichen minne‘*, die Dich-
tung umrahmend, zum Ausdruck, während die didakti-
sche Nutzanwendung des Erzählten dem Thema und
Umfang der Einleitung entsprechend in den letzten sie-
ben Versen gezogen wird.

NACHWORT

Konrad wurde um 1225 in Würzburg geboren; er war bürgerlicher Herkunft. Seine Werke nennen Gönner in Straßburg (vgl. etwa ›Heinrich von Kempten‹, V. 756-762) und Basel (vgl. etwa ›Partonopier und Meliur‹, V. 183-187), wo er sich durch den Kauf eines Hauses ansässig gemacht hatte und am 31. August 1287 starb.

Konrad ist einer der kunstfertigsten und vielseitigsten Dichter der mittelhochdeutschen Epoche. Außer den drei hier gebotenen Versnovellen schuf er die fragmentarisch erhaltene Kurzerzählung ›Der Schwanritter‹, drei große Romane (›Engelhard‹, ›Partonopier und Meliur‹, ›Der Trojanerkrieg‹ – dieser unvollendet und über 40 000 Verse umfassend), eine panegyrische Wappendichtung (›Das Turnier von Nantes‹), drei Legenden (›Silvester‹, ›Alexius‹, ›Pantaleon‹), einen umfänglichen Marienpreis (›Die goldene Schmiede‹), zahlreiche Leiche, Lieder und Gedichte (darunter ›Die Klage der Kunst‹) und Spruchdichtungen. Nicht nur fast sämtliche damals geläufigen poetischen Gattungen beherrschte Konrad mit gleicher Meisterschaft – auch die Glätte seiner Verse und die Mühelosigkeit seiner dichterischen Sprache finden in der mittelhochdeutschen Literatur kaum ihresgleichen. „Er hat alles versucht und alles gekonnt. Kaum ein anderer Dichter des deutschen Mittelalters ist ein solcher Herrscher über Sprache und Vers gewesen wie Konrad" (H. Rupp).

Solche Virtuosität ist gewöhnlich epigonalen Epochen vorbehalten, deren Dichter auf eine vergangene Klassik zurückblicken, aus der ihnen ein reicher Schatz poetischer Tradition überkommen ist. Bei der Wiederaufnahme vollendet gestalteter Formen ergibt sich oft eine Verfeinerung oder Perfektionierung, die nicht selten preziös oder schablonenhaft auf

spätere Leser wirkt – die Zeitgenossen dagegen empfanden
solche nachschaffende Kunst als echte Steigerung gegenüber
den klassischen Mustern. So lobt schon Hugo von Trimberg
um 1300 in seinem Lehrgedicht ›Der Renner‹ Konrad auf
Kosten der Klassiker als Meister erlesener Worte und ausge-
sucht schöner Verse; er bemängelt allerdings – seinem didak-
tisch bestimmten Ideal entsprechend –, daß Konrad um der
schönen Verse willen nicht genug Wert auf die nutzvolle
Lehre gelegt habe:

> *Meister Cuonrât ist an worten schœne,*
> *diu er gar verre hât gewehselt,*
> *und von latîn alsô gedrehselt,*
> *daz lützel leien sie vernement:*
> *. . .*
> *des hœre ich manigen tôren vernihten*
> *Meister Cuonrâdes meisterlîchez tihten,*
> *ich hœre aber sîn getihte selten*
> *wol gelêrte pfaffen schelten.*
> *swer gar sich flîzet an seltsên rîm,*
> *der wil ouch, sînes sinnes lîm*
> *ûzen an schœnen worten klebe*
> *und lützel nutzes dâr inne swebe.*   (V. 1202-20)

Hermann Damen preist Konrad als bedeutendsten unter
den lebenden Dichtern:

> *der Misnære und meister Chuonrat,*
> *die zwen sint nu die besten:*
> *ir sank gemezzen ebene stat;*
> *kunden, gesten*
> *ist er nach prise geweben.* (HMS III, S. 163, Nr. 4)

Der Dichter Boppe verfaßt ein Fürbittgedicht für die Seele
des verehrten Meisters:

O hoher unde starker al mehtiger Got,

...

... habe stæte in dinen gnaden,
ob hie habe gegen dir missetreten,
so wis gebeten
umb den erwelten meister wert von Würzeburk Chuonraden.

(I, 27. HMS II, S. 383)

Und Heinrich von Meißen (genannt Frauenlob) versteigt sich in seiner Totenklage um Konrad gar zu dem Ausruf:

Ach kunst ist tôt! nu klage, armônie,

...

ich mein Kuonrât
den helt von Wirzebure. (Nr. 313, V. 15-21)

Daß es sich bei solchen Überschätzungen der Epigonendichtung um typische Reaktionen handelt, die selbst ein Kenner wie Jacob Grimm seinerzeit nicht zu vermeiden wußte, mag sein wenig bekanntes Wort über Platens Lyrik – also eine für den heutigen Leser zugänglichere und charakteristischere Epigonendichtung – erweisen: „Seine Reime sind fast ohne Tadel und stechen vorteilhaft ab von der Freiheit und Nachlässigkeit, die sich Schiller, zum Teil auch Goethe zuschulden kommen lassen."

Mit ,*schœnen worten*' und ,*seltsên rîm*' hat Konrad zweifellos seinen Zeitgenossen und den Nachfahren am meisten imponiert. Sie empfanden die unüberbietbare Glättung des höfischen Verses zum fast ausnahmslos rein alternierenden Vierheber als Steigerung gegenüber der Formkunst der Klassiker, die den Fluß der Verse bewußt durch metrische Stauungen (beschwerte Hebungen) oder Freiheiten in der Taktfüllung (aufgelöste Hebungen oder Senkungen) modellierten. „Der Vers ist glatter geworden, das Spiel gedämpfter. Wie der Satzton immer leiser gegen das Auf und Ab des Sprechverses anschlägt, das ist eine letzte Stufe des in der Kunst um 1200 Angelegten" (J. Schwietering). Die Glättung beschränkt sich

nicht auf den Versbau; durch häufiges Enjambement und vor
allem durch das Prinzip des *rîmebrechen*, das Konrad zur
Vollendung geführt hat, gewinnen ganze Erzählabschnitte
den Charakter eines mühelosen Parlando. Ein Vergleich der
ersten achtundzwanzig Verse des ›Herzmære‹ mit einer in-
haltlich verwandten Passage aus Gottfrieds ›Tristan‹-Prolog
kann das verdeutlichen:

> *waz aber mîn lesen dô wære*
> *von disem senemære:*
> *daz lege ich mîner willekür*
> *allen edelen herzen vür,*
> *daz si da mite unmüezic wesen:*
> *ez ist in sêre guot gelesen.*
> *guot? ja, inneclîche guot:*
> *ez liebet liebe und edelt muot,*
> *ez stætet triuwe und tugendet leben,*
> *ez kan wol lebene tugende geben;*
> *wan swâ man hœret oder list,*
> *daz von sô reinen triuwen ist,*
> *dâ liebent dem getriuwen man*
> *triuwe und ander tugende van.*   (V. 167-180)

Bei Gottfried stimmen Syntax und Versfügung überein:
Mit Vers 172, 176 und 180 enden jeweils Satz und Verspaar.
Sinn- und Reimspannung kommen zugleich zur Ruhe. An-
ders bei Konrad: Mit Vers 3 endet der erste Satz, während
die Reimresponsion noch offenbleibt; diese wird mit dem
Wort *bilde* erst am Ende des nächsten Verses erfüllt – nun
aber wartet der Hörer auf den Fortgang des begonnenen
Satzes. Der syntaktische Einschnitt wird durch das Reimpaar
überbrückt, der Ruhepunkt nach einem vollendeten Reim-
paar wird durch die Syntax überspült (vgl. weiter V. 7/8,
9/10, 21/22). Erst jeweils am Ende der Erzählabschnitte (hier
V. 27/28) kommt der Redefluß zur Ruhe, wenn endlich
Syntax und Versfügung kongruieren. Zum Schema verein-

facht ergibt sich folgendes Bild (die Klammern *vor* den die
Reime bezeichnenden Buchstaben kennzeichnen die Klang-
verknüpfung, die Klammern *hinter* den Buchstaben die Sinn-
verbindung der einzelnen Verse):

Gottfried	Konrad
	)
a	a.
( )	(
a.	a
	)
b	b.
( )	(
b.	b
	)
c	c.
( )	(
c.	c
	)

So wird bei Konrad weder das metrische Gefüge noch der
Paarreim besonders ohrenfällig: Der Beginn der Kunstprosa
kündigt sich an. Von diesem neuen Formideal her gesehen,
mußte die blockhafte Reihung der Paarreime, wie sie bei den
Klassikern die Regel ist, als Mangel erscheinen. Aber auch der
tiefsinnigen Gedankenführung der großen Meister zu folgen,
war schwieriger, als sich für Konrads zwar kunstvolle, aber
weitaus verständlichere, eindeutigere und damit natürlich
auch planere Sprache zu begeistern. War das volle Verständ-
nis der klassischen Dichtung nur einem begrenzten Kreis vor-
behalten, so ist der eingängigeren Kunst Konrads von vorn-
herein weite Verbreitung sicher. Das läßt sich aus der Zahl
der überlieferten Handschriften und aus der Wirkung seiner
Dichtkunst auf die Nachschaffenden mit einiger Sicherheit
erweisen – auch wenn dem die berühmte Klage und Selbst-
rechtfertigung des Dichters zu Beginn der ›Partonopier‹-
Dichtung zu widersprechen scheint:

> *Swie gerne ein künste rîcher man*
> *wil tihten swaz er guotes kan,*
> *sô ist der tumben alsô vil,*
> *der iegelicher tihten wil,*
> *daz der geswîgen muoz vor in,*
> *dem edeliu kunst und edeler sin*
> *wont in sînem herzen bî.*   (V. 97-103)

Er beklagt den Niedergang der Dichtkunst zu seiner Zeit, in der es *der tumben alsô vil* gibt, Dichterlinge, die den ‚*künste rîchen man*‘ übertönen; in eins damit stellt Konrad fest, daß es kein sachverständiges und anspruchsvolles Publikum mehr gebe, das dem echten Dichter *wizze danc* (V. 108). Doch auch, wenn keiner *sîner meisterlichen kunst* (V. 109) lauschen will, möchte es Konrad mit der Nachtigall halten:

> *ir sanc vil ofte erklinget,*
> *dâ niemen hœret sînen klanc;*
> *si lât darumbe niht ir sanc*
> *daz man sîn dâ sô lützel gert.*   (V. 124-127)

Was hier scharf gesehen und deutlich ausgesprochen ist, bezeichnet nichts anderes als das Ende der ritterlichen Kultur. Die feste Position der Dichtkunst innerhalb der höfischen Sphäre und ihre einst unbezweifelte gesellschaftliche Funktion ist unwiederbringlich dahin. Der Dichter kann sich nicht mehr einem bestimmten Publikum verpflichtet fühlen; vielmehr ist Dichten zur Mode geworden, so daß es dem echten Künstler immer schwieriger wird, ein kunstverständiges Publikum zu finden.

Aber nicht nur die Bedingungen der Aufnahme von Dichtung durch eine standesmäßig eingegrenzte Hörerschaft haben sich mit dem Niedergang der staufischen Blütezeit grundlegend gewandelt – auch die Stellung des Dichters ist eine andere geworden. Wenn noch Wolfram sein Rittertum über sein Dichten stellen konnte (*schildes ambet ist mîn art*; ›Par-

zival‹, 115, 11), wenn noch Hartmann seine Kunst als Pro-
dukt seiner Mußestunden, in denen er nicht als Ritter tätig
war, bezeichnen konnte (*ein rîter, der gelêret was | unde es
an den buochen las, | swenner sîne stunde | niht baz bewen-
den kunde, | daz er ouch tihtennes pflac*; ›Iwein‹, V. 21–25),
so ist von solch persönlicher Eingebundenheit in seinen Stand
bei Konrad nichts mehr zu spüren. Das erklärt sich einmal
und vor allem natürlich aus seiner bürgerlichen Abkunft, ist
aber zum anderen bezeichnend für das neue dichterische
Selbstverständnis seiner Zeit. Der Tatsache, daß Konrad
‚Berufsdichter‘ ist (und als solcher urkundlich erwähnt wird –
während sich bezeichnenderweise in außerliterarischen Er-
wähnungen der älteren Minnesänger Friedrich von Hûsen
oder Heinrich von Morungen kein Hinweis auf ihr künstle-
risches Schaffen findet), entspricht die Verabsolutierung der
Kunst, die sich bestenfalls noch ihrem Gönner, nicht aber
mehr einem bestimmten Hörerkreis verpflichtet weiß. Das
Bild der Nachtigall, die auch singt, wenn ihr niemand zu-
hört, erweist, wie von nun an die Kunst nicht mehr in erster
Linie um der Gesellschaft willen, sondern mehr und mehr um
ihrer selbst willen gepflegt wird.

Indes ist Konrad weit entfernt, aus dieser Einsicht ein
L'art-pour-l'art-Ideal zu erstreben oder gutzuheißen: Weder
sein neuartiges dichterisches Selbstbewußtsein noch seine
großen Erfolge haben ihn vermocht, seine elegische Sehn-
sucht nach der vergangenen, ritterlich-höfisch bestimmten
Welt aufzugeben. Diese Welt der staufischen Klassik erschien
Konrad bereits als eine Idealwelt, die in seiner Zeit poli-
tisch (Interregnum 1256–73), gesellschaftlich (Verfall des Rit-
tertums) und künstlerisch (Ende der dichterischen Hochblüte
mit dem Tod der Großen vor 1230) nicht mehr realisierbar,
sondern nur noch als schöner Schein vorstellbar war. Eine
versinkende Welt, von der ein Nachgeborener nur noch den
Glanz und die Herrlichkeit wahrnahm: ihr gehört Konrads
ganze Liebe. So mußte seine Dichtung zur *laudatio temporis
acti* werden. Zwar glaubte er – der Bürgerliche –, auch den

Bürgern *hövescheit* als verpflichtende Aufgabe vorstellen zu müssen; doch er weiß ebenso sicher von der Unwiederbringlichkeit und Unwiederholbarkeit dieser bewunderten Epoche. Die leise Resignation, die aus solch schmerzlicher Erkenntnis erwachsen ist und sein Gesamtschaffen durchzieht, läßt echte Betroffenheit spürbar werden und hebt sein Werk über das Niveau gedankenlos-phrasenhafter Epigonendichtung hinaus.

Ohne die Sphäre höfischen Rittertums in der Exempelerzählung zu verlassen, empfindet Konrad zwar in seiner wohl frühesten Dichtung den neu aufbrechenden Dualismus zwischen *werlt* und *sêle* (›Der Welt Lohn‹), doch wendet er sich, indem er die Verirrungen der Gegenwart bedauert und anprangert, bereits mit dem ›Herzmære‹ zur höfischen — oder besser: Gottfriedschen — Minneauffassung zurück, um dann im später entstandenen ›Heinrich von Kempten‹ ein Pendant dazu zu schaffen, das den mannhaften Ritter und seine unverbrüchliche Lehnstreue feiert. Es dünkt Konrad notwendig, das Idealbild der vergangenen Epoche wieder aufzurichten, *wan manheit unde ritterschaft / diu zwei diu tiurent sêre* (V. 748 f.).

Der Erfolg der drei Kurzdichtungen war groß. Wenn man bedenkt, daß von dem etwa zur gleichen Zeit entstandenen Meisterwerk dieses Genres, der ›Märe vom Helmbrecht‹ von Wernher dem Gartenære, nur zwei Abschriften erhalten sind, so erweisen die jeweils neun Handschriften von ›Der Welt Lohn‹ und vom ›Herzmære‹ (bei diesem sind noch eine kürzlich aufgefundene niederdeutsche Fassung und zwei bezeugte, aber nicht mehr erhaltene Manuskripte hinzuzurechnen) und die sieben Handschriften des ›Heinrich von Kempten‹, daß man die Versnovellen Konrads in weiten Kreisen schätzte. Dichter empfanden Thematik und Form als vorbildhaft: Konrad hatte der kurzen Verserzählung die endgültige, fortan stilbildende Gestalt gegeben.

So wird verständlich, daß sich der Verfasser des Schwanks ›Die halbe Birne‹ *Von Wirzeburc meister Cuonrât* nennt; im

Licht dieses berühmten Namens versprach er sich für seine Dichtung Ansehen und Absatz. Thematisch wurde vor allem ›Der Welt Lohn‹ vorbildlich. In einer Kolmarer Handschrift sind fünf Lieder *in Kuonrâdes von Wirzeburc hovedône* erhalten, ›*Wie der meister der Welt urloup gît*‹ (vgl. hier S. 109-111), und schon zu Ende des 13. Jahrhunderts faßte der Dichter Guotære die Novelle zu zwei Strophen zusammen, um dann, wie es dem Zeitgeschmack entsprach, eine moralische Nutzanwendung von dreifachem Umfang anzufügen (vgl. hier S. 103 f.). Direkt auf Konrad bezieht sich eine erbauliche Abhandlung ›*Von der welt valscheit*‹, die eine Zürcher Papierhandschrift vom Jahr 1393 überliefert: Auch hier schrumpft die eigentliche Erzählung zugunsten der breiten religiös-moralischen Nutzanwendung zusammen, so daß sie nur noch ein Drittel des Traktats ausmacht (vgl. hier S. 105 f.). Es steht zu vermuten, daß sich der Dichter Frauenlob ebenfalls auf Konrads Erzählung bezieht, wenn er in einer Strophe des Streitgesprächs zwischen ›*Minne unde Werlt*‹ der Minne die Worte in den Mund legt:

> *Dîn angesiht, dîn schœne lobelîchen stât,*
> *diu schrift sagt dînen rücke unvruot,*
> *von natern, würmen ungedigen:*
> *sô hât niur dîn unvuogez werben êren vluht.*

> (Nr. 440, 5-8)

Hatte Konrad mit seiner Erzählung vom Lohn der Welt also ein Thema aufgegriffen, das – wie die Resonanz beweist – seiner Zeit auf den Nägeln brannte, so sind die beiden andern Novellen zu deutlich rückwärts gewandt: Sie fanden ihr Publikum, regten aber kaum zu Nachschöpfungen an.

Den heutigen Leser trennen sieben Jahrhunderte von der Entstehungszeit dieser Kunstwerke. Er wird sich ihnen mit Erwartungen nähern, die an Novellendichtungen und -theorien entwickelt sind, wie sie sich seit dem Ende des 18. Jahr-

hunderts in Deutschland ausgebildet haben. Auf diesem Weg
wird er noch am ehesten zur Geschichte des Ritters › H e i n -
r i c h   v o n   K e m p t e n ‹ Zugang finden, die daher auch
die vorliegende Ausgabe eröffnet.

Der erzählerische Schwung und die kunstvolle Komposi-
tion der Ereignisse um die beiden miteinander korrespondie-
renden Höhepunkte machen die Lektüre zu einem kurzwei-
ligen Genuß. Nach einer prägnanten Einleitung (V. 1-23),
die den grimmigen Kaiser vorstellt und die mit der Andeu-
tung seiner verhängnisvollen Gewohnheit, bei seinem Bart
oft und rachsüchtig zu schwören, auf die zu erwartenden Ver-
wicklungen vorausdeutet, beginnt sofort die eigentliche Hand-
lung mit einer ebenso wohltuend kurzen Situationsschilde-
rung (V. 24-49). Schlag auf Schlag (auch im wörtlichen Sinn!)
folgen die Ereignisse einander; aus geringfügigem Anlaß er-
wachsen Verwundung, Totschlag, Todesurteil, handgreifliche
Notwehr, ehe sich's der Leser versieht (V. 50-382). Um den
winzigen Kern der Verfehlung des Knaben entwickelt sich
eine Lawine von gegenseitigen Beschimpfungen, Drohungen
und Handgreiflichkeiten, die jedes Maß niederzureißen
droht.

Nach einer durch nur elf Verse markierten Fuge (V. 383
bis 393) springt die Handlung um zehn Jahre weiter zum
zweiten Höhepunkt; zuvor fügt der Dichter aber noch mit
der verhältnismäßig breiten Schilderung der lehnsrechtlichen
Konsequenzen ein gleichsam retardierendes Element ein, in
dem sich der tragische Knoten jedoch bereits unübersehbar
schürzt (V. 394-511). Dann hat der Held der Geschichte Ge-
legenheit, sich als vorbildlich uneigennütziger Ritter zu er-
weisen, woraufhin auch der despotische Kaiser zu einer
väterlichen Geste des Verzeihens findet (V. 512-743). In
einem bruchlos angefügten, zweigeteilten Epilog (die Reim-
verklammerung mit der eigentlichen Geschichte macht den
Übergang kaum vernehmlich) zieht der Dichter die Lehre
(744-753), preist den Gönner und findet dabei Gelegenheit
zur stolz-bescheidenen Selbstnennung (V. 754-770).

Die Geschichte selbst ist um zwei Brennpunkte zentriert, in denen jeweils der Kaiser und Heinrich die Protagonisten sind. Die fast ans Burleske streifende Form der Notwehr des Ritters in der ersten Episode – der zerrupfte Kaiser über der gedeckten Tafel liegend – lockert Ernst und Schwere der Situation ebenso gefällig auf wie die leise Ironie, die überall in der zweiten Episode anklingt – der nackte Ritter als Retter des Kaisers aus Todesgefahr: Reizvoll wird die Diskrepanz zwischen Ideal und Realität der Ritterwelt verdeutlicht. Daß Konrad noch an das Ideal glaubt, erweisen die unangezweifelte Anerkennung und Befolgung höfisch-ritterlicher Formen (etwa das Zeremoniell der Tafelbereitung, die Forderung und Gewährung der *sicherheit*, die Bitte um *urloup*, die lehnsrechtlichen Spielregeln usw.) und die begeisterte Lebendigkeit, mit der der Dichter diese höfisch-ritterliche Welt vorzustellen weiß.

Doch nicht nur der Rahmen (Hoffest, Italienzug) und die Atmosphäre beider Episoden ist ritterlich bestimmt – auch das Ethos der Dichtung ist trotz der erheiternden realistischen Züge eindeutig höfisch-ritterlichen Charakters. Unausgesprochen steht hinter den Begebenheiten des ersten Teils das Ideal der *zuht* bzw. der *mâze*, das von allen Beteiligten mehr oder weniger, bewußt oder unbewußt verletzt wird, indem sie Jähzorn und unmäßiger Rache die Zügel schießen lassen: Der Truchseß, der auf die kleine Verfehlung des Fürstensohns (die Konrad sogar psychologisch erklärt und dadurch relativiert) mit unmäßig harter Strafe antwortet; Heinrich, der den Truchseß wegen dieser bona fide begangenen Untat überaus hart bestraft, indem er ihn auf sehr unritterliche Weise mit einem Knüppel erschlägt; der Kaiser schließlich, der, ohne auf die Gründe des Beklagten auch nur im geringsten einzugehen, die immerhin selbstlose Tat des Ritters mit dem wütend gefällten Todesurteil beantwortet, das Heinrich nur in einem beispiellosen Akt handgreiflicher Notwehr abzuwenden vermag.

Die Mißachtung der *mâze* zeitigt furchtbare Folgen; Schuld

ruft neue Schuld hervor – aber ganz im Sinn der höfischen
Dichtung, für die es keinen tragischen Ausgang geben kann,
wird mit der in befreiendem Humor und herzlicher Versöh-
nung endenden zweiten Episode alles wieder gutgemacht.
Und vor allem bei der Rettung des Kaisers vor den treulos-
verräterischen Bürgern, bei der Heinrich sein eignes Leben
in zweifacher Hinsicht aufs Spiel setzt (im Kampf mit der
Übermacht der Feinde und durch Verwirkung der kaiser-
lichen Begnadigung), wird deutlich, daß die Idee des Ritter-
tums uneingeschränkt im Raum dieser Geschichte herrscht.
Ohne Rücksicht auf eigne Gefahr dient der Ritter seinem
obersten Lehnsherrn in vorbildlicher Treue, wie er zuvor
dem direkten Lehnsgeber zur Seite gestanden hatte. Die Be-
dingungen der Gemeinschaft und das Ethos des Rittertums
prädominieren den Ansprüchen und Vorteilen des Einzelnen
durchaus; so gibt es für Heinrich gar kein Überlegen, wie
die eigentlich tragische Situation (die Verpflichtung, den
Kaiser zu retten, und das damit konkurrierende Verbot, ihm
bei Gefahr des Lebens nochmals unter die Augen zu treten)
zu lösen sei, und ebensowenig besinnt sich der Kaiser, seinem
Ritter zu verzeihen und ihn überdies zu belohnen. Mit dieser
zweiten Tat Heinrichs erhält die Notwehr gegen den Kaiser
in ihrer gänzlich unritterlichen Form nachträglich ihre Legi-
timation: Ein Mann, der so unbedingt und ohne Zaudern
sein Leben für seinen Herrn in die Schanze schlägt, hatte
zweifellos ein Recht, sich bis zum äußersten zu verteidigen.
Der Makel, das kaiserliche Ansehen eigennützig geschändet
zu haben, fällt damit von ihm ab.

Die Zeichnung dieses Ritters, der sich bei aller Derbheit
richtig und vorbildlich, selbstbewußt, mutig und treu ver-
hält, steht also eindeutig im Mittelpunkt der Novelle – und
so betont es auch der Epilog (V. 744–753). Die Schilderung
des Kaisers dient nur jeweils der Exposition und schafft den
historischen Hintergrund der Szenen. Kein Zweifel, daß
Edward Schröder in seiner Edition aus dem Jahr 1924 mit
vollem Recht die Dichtung (nach von der Hagens Vorgang)

wieder ›Heinrich von Kempten‹ genannt hat und den bis dahin gebräuchlichen Titel ›Otte mit dem Barte‹ verwarf. Konrad selbst hatte seinem Werk, wie im Mittelalter durchweg üblich, keinen Titel gegeben.

Sehr viel fremdartiger wird den modernen Leser die Geschichte von › D e r   W e l t   L o h n ‹ anmuten, die handlungsarm, ohne den Versuch psychologischer Motivierung, einen ritterlichen Dichter mit der als Frau personifizierten Welt zusammentreffen läßt. Es befremdet zunächst, daß die Dame, deren Wesen und Ziel doch Verblendung und Verführung ist, dem ihr bislang blindlings ergebenen Diener auf sehr drastische Weise die Augen öffnet. Gerade aber dieser Zug der Dichtung zeigt, daß dieses Kunstwerk unter seinem eignen Gesetz steht. Die Allegorie der Welt bleibt als solche bewußt, und im mittelalterlichen Kosmos ist nun einmal *got . . . gewaltic* über die Welt, wie sie selbst aussprechen muß (V. 210 f.). Zwar bricht der Dualismus zwischen Welt und Gott im Bewußtsein der Zeitgenossen Konrads nach den Harmonisierungsversuchen der klassischen Epoche wieder auf, aber Welt und Gott sind keine gleichwertigen Gegenspieler – auch in diesem Sinn kann es keine ausweglos tragische Situation für den Menschen geben. Solch fundamentalen Optimismus darf man über der weltflüchtigen Tendenz dieser Dichtung im besonderen und der späthöfischen Epoche im allgemeinen nicht vergessen. Diese Weltanschauung ist ebensoweit von Verzweiflung wie von Nihilismus entfernt. Indes ist doch ein großer Abstand festzustellen zwischen dem hoffnungsfrohen Bemühen der klassischen Epoche, *mit rehtem herzen minnen got, und al die werlt wol êren* (Spervogel, MF 20, 14), und dem Anruf Konrads an seinen Hörer, *daz ir die werlt lâzet varn, / welt ir die sêle bewarn.* Fast könnte es scheinen, als habe Konrad seine prononcierte Schlußgnome dem Resümee Wolframs im ›Parzival‹ entgegenstellen wollen. Ein Vergleich kann den Wandel der Weltauffassung im Lauf einer Generation in nuce deutlich machen:

> *swes leben sich sô verendet,*
> *daz got niht wirt gephendet*
> *der sêle durch slîbes schulde,*
> *und der doch der werlde hulde*
> *behalden kan mit werdekeit,*
> *daz ist ein nütziu arbeit.*   (827, 19-24)

Zwar deuten sich im Wort *arbeit* und vor allem in der entgegenstellenden Konjunktion *doch* auch in Wolframs Versen unüberhörbar die Schwierigkeiten an, die der Verwirklichung dieses Ideals entgegenstehen – entscheidend bleibt aber, daß es erstrebt wird und erreichbar erscheint. Daß Wolfram diese Haltung nicht allein vertreten hat, zeigen die Übernahme der Wendung durch den ›Winsbecken‹, der den seligpreist, der *gotes lôn, der werlte habedanc ... behalten kan* (51, 8 f.), und die bündige Auskunft Freidanks, *swer got und die werlt kan | behalten, derst ein sælic man* (31, 18 f.). Wer eines über das andere vergißt, gehört zu den *werlttôren,* wie Hartmann es im Blick auf solche formuliert, die *êre unde guot | âne got mügen hân* (›Der arme Heinrich‹, V. 398 f.). Bei dem späteren Spruchdichter Friedrich von Sunnenburg findet der Gedanke schließlich seine schärfste Zuspitzung: *swer dich beschiltet, Welt, der schiltet Got* (HMS II, S. 357, Nr. 3). Walther von der Vogelweide aber sprach bereits mit Sorge von der Unvereinbarkeit des klassischen Güterternars:

> *jâ leider des enmac niht sîn,*
> *daz guot und weltlich êre*
> *und gotes hulde mêre*
> *zesamene in ein herze komen.*   (8, 19-22)

Wenig später verurteilt Neidhart gar den Versuch, *gotes kint* und *der Werlde holden* überhaupt noch zu vergleichen (Winterlieder, Nr. 30, VI), während der Teichner endlich den Akzent direkt auf die Weltflucht legt: *so haist mich mein gewizzen fliehen | allez daz werltleich ist getan* (ed. Heinrich

Niewöhner, Nr. 22, V. 26 f.). *Contemptus mundi,* die Verach-
tung der Welt, die immer wieder in Spätzeiten aufbricht,
wird auch nach der klassischen Blütezeit erneut zum homile-
tischen und literarischen Topos. Die Abkehr von der Welt
und ihrem schrecklichen Lohn und die Hinwendung zu Gott,
der bessere Belohnung schenken wird, hat vor Konrad der
Dichter Neidhart in seiner Dienstaufsage an die Frau Welt
ausgesprochen:

> Êrelôsiu vrouwe, wê, waz welt ir mîn?
> lât iu tûsent junge dienen hinne vür an mîner stat!
> ich wil einem herren dienen, des ich eigen bin:
> ich enwil niht langer iuwer senger sîn.
> daz ich iu ze dienest ie sô mangen geilen trit getrat,
> daz ist mînes heiles, mîner sêle ungewin.
> daz ich iuch dô niene vlôch,
> daz ist mîn meistiu swære,
> und mich ze herren niht enzôch,
> des lôn noch bezzer wære.   (Winterlieder, Nr. 30, V)

Während lateinische Dichtungen den personifizierten Mun-
dus als Herrn anzusprechen pflegen (unter diesem Einfluß
beginnt die 18. Strophe des spätalthochdeutschen ›Memento
mori‹ mit dem Vers: *Ja du vil ubeler mundus, wie betriugist
tu uns sus*) und plastische Darstellungen an mittelalterlichen
Kirchen entsprechend die Welt als verlockenden Fürsten zei-
gen (Straßburger, Basler, Freiburger Münster, St.-Sebaldus-
Kirche zu Nürnberg), redet Neidhart (wie Walther in seinem
späten Gedicht *Vrô Welt*, 100, 24) die Welt als Dame an;
solche Personifizierung war durch das Genus des deutschen
Worts vorgezeichnet. Die bekannteste Plastik der Frau Welt
befindet sich am Südportal des Wormser Doms und ist im
Anfang des 14. Jahrhunderts entstanden: Eine huldvoll lä-
chelnde Dame, zu deren Füßen ein Ritter kniet – ihr Rücken
aber ist von Schlangen und Kröten zerfressen. Der Lohn der
Welt ist der Tod, und die alte Erfahrung *sic transit gloria*

mundi findet seit je ihr drastischstes Exempel im ehemals
schönen, nun würmerzerfressenen Leib des Menschen:

>   *ich siche din gebäin rozzen:*
>   *daz hât diu erde gar vernozzen,*
>   *ez chriuchet bœser wurme vol,*

dichtete Heinrich von Melk in seiner ›Erinnerung an den
Tod‹ in der Mitte des 12. Jahrhunderts (V. 673-676). Von
solcher Anschauung ausgehend, mag das Bild ekelhafter Zer-
störung auf die allegorischen Figuren übertragen worden sein.
Die Dezenz der höfischen Klassiker verbot zwar noch, mehr
als Anspielungen zu geben – so, wenn Walther nur andeu-
tungsweise von der eklen Rückseite der Frau Welt spricht:
doch was der schanden alse vil, / dô ich dîn hinden wart
gewar (101, 11 f.) –, die nachklassische Zeit aber schätzt wie-
der die Drastik, der Konrad denn auch ihr volles Recht gibt
(V. 217-239).

Was die Dichtung Konrads jedoch von späteren Bearbei-
tungen des gleichen Themas abhebt, ist die ansprechende
Wahl der Gesprächssituation und das bei aller Tendenz zur
Weltflucht noch unverkennbar gewahrte ritterliche Ethos:
Nicht einen alten oder todkranken Mann läßt Konrad den
Lohn der Welt erblicken, sondern einen auf dem Höhepunkt
des Lebens stehenden, höfisch und literarisch gebildeten Rit-
ter, dessen bisheriger Lebenswandel mit spürbarer Sym-
pathie geschildert ist (V. 6-51) und von dem zehn Verse ein
unvergeßliches Genrebild zeichnen (V. 52-61). Der Dichter
(sollte Konrad durch die Weltaufsage-Gedichte Walthers und
Neidharts angeregt worden sein, gerade einen Dichter der
Welt gegenüberzustellen?) tritt der Dame Welt als gleichge-
wichtiger Partner entgegen, indem er ihr zunächst ent-
flammt seinen Dienst anbietet (V. 63-194); als er ihr wahres
Wesen erkennen muß (V. 195-241), bricht er nicht in Tränen
der Selbstanklage aus (vgl. dagegen *Der Guotære*, 2, 10: *da*
weinete er, und den Zürcher Traktat, S. 105: *... muos mich*

riuwen vntz an minen tot), sondern handelt nach kurzer Überlegung (V. 242–247), wie es einem Ritter geziemt. Ohne einen Augenblick zu zaudern, weiht er seinen ritterlichen Dienst fortan Gott allein (V. 248–258). *Buoze* (Besserung seiner unrichtigen Haltung der Welt gegenüber) findet er in der idealen Erfüllung seiner Ritterpflichten im Heiligen Land. So ist bei Konrad zwar der in Wirnts ›Wigalois‹-Dichtung noch „verkappte Widerspruch aufgebrochen, und dem Dichter wird energisch bedeutet, wie trügerisch der *werlte gruoz* (›Wigalois‹, V. 144) ist" (M. Wehrli); die direkte Aufforderung zur Weltflucht bleibt indes gänzlich auf die Rahmenpartien beschränkt, in denen Konrad seine deutschen Zeitgenossen anspricht, die von der Welt solcher Ritterlichkeit und von der Kreuzzugsidee schon ein Zeitraum von mehr als einer Generation trennte.

Ein Thema jenseits aller weltanschaulichen und literarischen Wandlungen, von gleichsam zeitloser Aktualität und Beliebtheit hat Konrad im ›Herzmære‹ behandelt. *Lûterlichiu minne* will der Dichter seinen Hörern und Lesern in einem exemplarischen *bilde* vorstellen. Es geht also bei dieser sentimentalen Geschichte nicht in erster Linie um das individuelle Schicksal eines Liebespaars, sondern um typische Begebenheiten und Verhaltensweisen: Das erhellt aus der Wahl eines bekannten und weitverbreiteten Stoffs ebenso wie aus der Namenlosigkeit der handelnden Personen; der Dichter exemplifiziert seine Minneauffassung an typischen Figuren, die ein typisches Schicksal durchleiden.

Das Zentralmotiv des gegessenen Herzens, das von fern an die antike Pelopssage und an das Märchen vom Machandelboom erinnert, ist wohl altindischer Herkunft und hat sich von Frankreich aus über das Abendland verbreitet. Boccaccio hat die beiden Ausformungen des Motivs in zwei Novellen seines ›Decamerone‹ gestaltet. Die beiden Periochen lauten: „Tankred, Fürst von Salerno, tötet den Liebhaber (Guiscardo) seiner Tochter (Ghismonda) und schickt ihr dessen Herz in einer goldenen Schale. Sie schüttet Gift

darauf, trinkt es und stirbt" (IV 1). „Wilhelm Roussillon
gibt seiner Gemahlin das Herz des Guardastagno, ihres Ge-
liebten, den er umgebracht, zu essen. Sie stürzt sich, als sie
es erfährt, aus einem Fenster, stirbt und wird mit ihrem
Liebhaber begraben" (IV 9). Die erste, ältere Version des
Stoffes, nach der ein Vater seine Ehre verletzt glaubt, wurde
1545 von Hans Sachs erneut gestaltet: ›Ein klegliche tragedi
deß fürsten Concreti‹ und später nochmals in der seinerzeit
sehr berühmten Ballade ›Lenardo und Blandine‹ aufgenom-
men, die Gottfried August Bürger 1776, angeregt durch eine
Volksbuchbearbeitung der Steinhöwelschen Boccaccio-Über-
setzung (1473), verfaßte. Die zweite Version war beliebter
und fand mannigfache und bedeutende dichterische Formun-
gen. Bereits im 12. Jahrhundert entstand die provenzalische
Vita des Troubadours Guilem de Cabestanh, die ihrerseits
Grundlage der zur gleichen Zeit wie Konrads Novelle ge-
dichteten ›Roumans dou chastelain de Couci et de la dame
de Fayel‹ ist. In einem französischen Druck des 16. Jahrhun-
derts hat sich die ›Chronique du chastelain de Couci et de la
dame de Faïel‹ erhalten, die einer um 1380 geschriebenen
Chronik entnommen wurde. Etwa ein Jahrhundert älter
dürfte die verwandte Erzählung von Ariminimonte in den
›Cento novelle antiche‹ sein, die ungefähr gleichzeitig mit
der deutschen Volksballade vom Bremberger verfaßt worden
sind (der Minnesänger Reinmar von Brennenberg wurde 1276
in Regensburg erschlagen) – diese Volksballade lebte im
Meistergesang ›Ein hübsch lied von des Brembergers end und
tod. In des Brembergers thon‹ weiter und fand in abgewan-
delter Form Aufnahme in ›Des Knaben Wunderhorn‹ (vgl.
hier S. 112-114). Die englische Romanze ›The Knight of
courtesy and the fair Lady of Faguell‹ entstand wohl um die
Mitte des 16. Jahrhunderts, und zu Anfang des 19. Jahr-
hunderts schuf Ludwig Uhland die Ballade ›Der Kastellan
von Coucy‹ (vgl. hier S. 114-117); Maler Müllers früherer
Versuch, den gleichen Stoff zu dramatisieren, blieb Fragment.
Jedenfalls war die Geschichte im 18. Jahrhundert so bekannt,

daß man als „Couci" auf Maskenbällen erscheinen konnte (Brief Goethes an Frau von Stein vom 27. Januar 1776).

Lassen Niclas von Wyle – in seiner der ersten Novelle des vierten Tages des ›Decamerone‹ nacherzählten „translatze" (›Tütschungen‹ II. 1478) – und Heinrich Steinhöwel – in seiner Übersetzung der gleichen Novelle – die Liebenden nicht zuletzt an Standesunterschieden scheitern und betont Steinhöwel in der Novelle IV 9, daß sich die Geliebte „als eyn vngetreüwe efraw" erwies, so hält Konrad seine Dichtung von solchen Aspekten frei. Ihn interessiert allein die vorbildhafte Liebe und Treue des Paars, die weder räumliche Trennung noch der Tod zu zerstören vermag. Gegen die allgemein verbreitete flache Auffassung von der Minne, die dem Gatten in den Mund gelegt ist (V. 104-107), bewähren sich die Liebenden bis zum bitteren Ende. Ihre gegenseitige Opferbereitschaft wird in der Meerfahrt des Ritters und in dem Entschluß zur Nahrungsverweigerung der Dame sinnenfällig. Die Bewährung solcher Minnehaltung ist einziger und oberster Maßstab der Novelle; die liebenden *edelen herzen* wissen sich daher ungeachtet konventioneller Moralauffassungen dem *edelen got* verbunden.

Rang und Glanz dieser Minneauffassung erhellen noch deutlicher aus der Tatsache, daß der Ritter ausgerechnet im Heiligen Land stirbt, und zwar als Märtyrer – der Liebe. Ganz tatenlos seiner Liebeskrankheit hingegeben, opfert er sein Leben im Minnedienst und nicht etwa im Ritterdienst für die heiligen Stätten. Ja, Konrad scheut sich nicht, das Essen des Herzens als Symbol letzter und innigster, den Tod besiegender Vereinigung der Liebenden in eine unübersehbare Analogie zur Eucharistie zu bringen. Wie der Priester die Hostie in der kostbar verzierten (V. 305 f.) Pyxis, so trägt der Knappe das Herz des toten Ritters zu der Dame. Wie der Leib Christi ist es balsamiert (V. 302), wie das Heilige Grab ist das Kästlein *versigelet* (V. 311); die Dame dünkt das Herz *aller spîse ein überhort* (V. 454), gegenüber der jede profane Nahrung als unwert erscheint, Vermächtnis dessen, der um ihretwillen *leben unde lîp* dahingegeben hat (V. 504 f.). Was Gottfried im ›Tristan‹-Prolog ausgesprochen hatte, nämlich daß seine Geschichte *der lebenden brôt* sei (V. 240), realisiert gleichsam Konrad im Rückgriff auf das alte Motiv, indem aus der scheinbar unverbindlich gebrauchten Metapher ‚Herz‘ plötzlich greifbar-blutvolle Wirklichkeit (V. 299) und Speise der Geliebten wird. Der Liebestod des Paars ist ganz im Bereich der Liebesmystik belassen; es fehlt jegliche Gewaltsamkeit, die in den Gestaltungen von Boccaccio bis Uhland unvermeidlich scheint.

Solche exzeptionelle Minneauffassung konnte nicht für breite Kreise gedacht sein; über die standesmäßige Einschränkung bei der Höreranrede hinaus (V. 5) engt der seltsame Schlußaufruf (V. 588) den Kreis der Verständigen drastisch ein, und zwar auf die Gruppe, die bezeichnenderweise in Gottfrieds ›Tristan‹ im Grunde allein angesprochen wird. Und damit erweist sich nochmals die Tendenz zur Säkularisierung, denn „die *edelen herzen* sind in freier Analogie zu der edlen Seele [*anima nobilis* oder *edeliu sêle*] der frühen Mystik gebildet worden“ (K. Speckenbach): Um die hohe Erwählung zu solcher Liebeskraft sinnfällig zu machen, wie sie Tristan und Isolde oder das vorbildliche Paar bei Konrad auszeichnet, haben sich die Dichter des Mittelalters Analogien selbst zum Höchsten gestattet, ohne damit in Widerspruch zum Geist der Zeit zu geraten, wie die begeisterte Aufnahme ihrer Werke zeigt.

Das ›Herzmære‹ zeichnet sich durch kunstvolle Umsetzung der dramatischen Ereignisse in direkte, dialogische oder monologische Redeszenen aus; innere Zustände erhellen aus Worten und Begebenheiten: die künstlerische Wirkung beruht wesentlich auf solcher Plastizität.

Ganz besondere Sorgfalt hat der Dichter dem Aufbau der Erzählung gewidmet, die von den in bewußter Häufung verwendeten Leitworten *herze* und *minne* wie durchflochten erscheint. Die Großgliederung nach i n h a l t l i c h e n Gesichtspunkten zeigt (H. J. Gernentz) den Mittelteil von hun-

dertneun Versen (Reise und Tod des Ritters, V. 240-348) von
zwei fast genau gleich umfangreichen Partien umschlossen
(Einleitung und Situation der Liebenden bis zum Abschied,
V. 1-239; List des Gatten, Tod der Dame und Epilog, V. 349
bis 588). Die Mittelachsen der drei Großabschnitte bezeich-
nen jeweils markante Wendepunkte des Geschehens: den
Entschluß des Gatten, das Minneverhältnis zu zerstören (um
V. 119), die Aufforderung des Ritters, sein Herz der Gelieb-
ten zu überbringen (um V. 294), und die Erklärung der Mahl-
zeit durch den Gatten (um V. 469). Nach f o r m a l e n Ge-
sichtspunkten (Abschnittgliederung durch fehlende metrische
Brechung) ergibt sich ein genau symmetrisches Verhältnis von
112 : 364 : 112 Versen (vgl. Anm. 18). Darüber hinaus ent-
sprechen die ersten bzw. letzten sieben Zeilen einander the-
matisch (vgl. auch die Anm. 50 und die Übereinstimmung der
Worte *sinne* und *mære* in den äußersten Rahmenpartien),
während die beiden anschließenden bzw. vorausgehenden
Verse die Namen Gottfried und Konrad in bedeutsame Spie-
gelung rücken (vgl. auch Anm. 4 und 7).

Gerade solche Feinheiten der Komposition erweisen, wie
ernst Konrad das scheinbar so anspruchslose Genre der Kurz-
erzählung genommen hat, ohne dabei je prätentiös zu wirken.
Unmittelbar ansprechende Anmut dieser frisch und lebhaft
erzählten Geschichten und kunstvolles Filigran der Vers-
fügung, der Metaphernsprache und der Gesamtkomposition
sind zur Einheit kleiner Meisterwerke verschmolzen. Ob-
wohl Konrads künstlerisches Bemühen in erster Linie der
epischen Großform im Stil der klassischen Vorbilder galt,
sind diese Frühwerke (sämtlich wohl in den sechziger Jahren
entstanden) mit Recht als seine besten Leistungen bekannt
und beliebt geblieben. Und wenn die Zeitgenossen die Schluß-
verse des ›Engelhard‹ eher als einen Hinweis auf die Nutz-
anwendung der Dichtung *(prodesse)* verstehen sollten, so mö-
gen sie doch für alle Zeit auch ihren Sinn als Aufforderung
behalten, sich der makellosen Schönheit solcher Kunstwerke
zu erfreuen *(delectare):*

von Wirzeburc ich Kuonrât
hân ez von latîne
ze tiuscher worte schîne
geleitet und gerihtet
und ûf den trôst getihtet,
daz ein herze wol gemuot
dar an ein sælic bilde guot
ze lûterlicher triuwe neme.　　(V. 6492-99)

Heinz Rölleke

INHALT

Max Wehrli

Literatur im deutschen Mittelalter
Eine poetologische Einführung. UB-Nr. 8038

Geschichte der deutschen Literatur
von den Anfängen bis zur Gegenwart

Band I: Vom frühen Mittelalter
bis zum Ende des 16. Jahrhunderts
Leinen-Ausgabe

»Wehrlis Literaturgeschichte ist gut zu lesen, aber sie ist nur
scheinbar leicht zu lesen. Er schreibt eine wissenschaftliche
Prosa von luzider Lebendigkeit, die die Lektüre zu einem
fesselnden Genuß macht. Man müßte das Buch mehrmals
lesen, um in einer Art Kreisbewegung den Standort zu errei-
chen, von dem aus sich einem die mittelalterliche Literatur-
landschaft in derselben geistigen Weite darbietet wie dem
Autor selbst. Die Weite des Herzens freilich, mit der sie bei
ihm zusammengeht und die sein Erzählen mit Menschlichkeit
und Humor erfüllt, wird man, je weniger sie lernbar ist, um
so mehr nur schlicht bewundern können.«

Neue Zürcher Zeitung

Philipp Reclam jun. Stuttgart